¿Por qué tuvo que morir Jesús?

Libros de la serie
«Preguntas que hacen los cristianos»:

¿Donde estaba Dios cuando sucedió eso?
Y otras preguntas sobre la bondad de Dios,
su poder y su forma de obrar en el mundo.

¿El diablo me obligó a hacerlo? Y otras preguntas
sobre Satanás, demonios y espíritus malignos

¿Está Dios en contra de los gays? Y otras
preguntas sobre homosexualidad, la Biblia y
atracción hacia personas del mismo sexo

¿Por qué tuvo que morir Jesús? Y otras preguntas sobre
la cruz de Cristo y su significado para nosotros

¿Qué pasa cuando uno muere? Y otras preguntas
sobre el cielo, el infierno y la vida venidera

¿Realmente existe el infierno? Y otras preguntas
sobre el juicio, la eternidad y el Dios de amor

¿Por qué tuvo que morir Jesús?

Y otras preguntas sobre la cruz de Cristo
y su significado para nosotros

Marcus Nodder

EDITORIAL
PORTAVOZ

La misión de *Editorial Portavoz* consiste en proporcionar productos de calidad —con integridad y excelencia—, desde una perspectiva bíblica y confiable, que animen a las personas a conocer y servir a Jesucristo.

Publicado originalmente en inglés por The Good Book Company con el título *Why did Jesus have to die? And other questions about the cross of Christ and its meaning for us today*, © Marcus Nodder/The Good Book Company, 2014. Traducido con permiso.

Traducción: Rosa Pugliese

Las cursivas añadidas en el texto bíblico son énfasis del autor.

EDITORIAL PORTAVOZ
2450 Oak Industrial Drive NE
Grand Rapids, Michigan 49505 USA
Visítenos en: www.portavoz.com

ISBN 978-0-8254-5860-6 (rústica)
ISBN 978-0-8254-6744-8 (Kindle)
ISBN 978-0-8254-7565-8 (epub)

1 2 3 4 5 edición / año 29 28 27 26 25 24 23 22 21 20

Impreso en los Estados Unidos de América
Printed in the United States of America

Contenido

Introducción

¿D*ónde puedo hallar más gozo?* ¿Cuál es el remedio para una conciencia atormentada y los sentimientos de culpa? *¿Cómo puedo conocer mejor a Dios?* ¿Cómo puedo salir de la rutina espiritual en la que me encuentro? ¿Dios realmente me ama? *¿Cómo puedo crecer más en mi vida espiritual?* ¿Dios me aceptará realmente cuando me muera? ¿Dónde puedo encontrar el poder para cambiar? *¿Cómo puedo ser más semejante a Cristo?*

Estas son solo algunas de todas las preguntas que me he formulado durante los más de cuarenta años de cristiano. No soy el más rápido para entender las cosas, pero lo que he descubierto en los últimos años es que la respuesta a todas estas preguntas que me han preocupado como seguidor de Jesús ha estado siempre delante de mis narices.

Lo que necesito no es la última técnica o novedad. Necesito la cruz. Necesito que mis ojos se abran más a la maravilla de la cruz; que mi corazón quede más cautivado por la belleza de la cruz; que mi vida sea más moldeada por el poder de la cruz; que mi fe esté más arraigada en la realidad de la cruz.

¿Solo un símbolo?

Si hiciera una encuesta en la calle y preguntara a hombres y mujeres qué significa la cruz para ellos, a menos que hayan descendido de una nave espacial fugaz, la mayoría aún le encontraría algún nexo con el cristianismo. Sin embargo, no todos saben bien de qué se trata. Para algunos, la cruz no es más que el equivalente cristiano a los arcos dorados del restaurante McDonald; un logotipo fácilmente reconocible adosado a los edificios, que indica dónde encontrar una iglesia, para aquel que lo desea.

Para otros, es un interesante dibujo para tatuarse en algún lugar del cuerpo, junto a un yin-yang o a su signo del zodíaco. O un amuleto que se cuelgan del cuello para que les traiga buena suerte y los proteja de cualquier vampiro que ande rondando por el vecindario. O simplemente una reliquia de una época pasada, que marca el trágico final de la prometedora carrera de un gran maestro.

Sin embargo, si hiciera la misma encuesta a los feligreses, las respuestas serían igualmente variadas. Para algunos, la cruz es solo un ejemplo de sacrificio que nos inspira a vivir una vida mejor. Para otros, es el punto donde Dios trata con lo que está mal en el mundo. Cualquier idea que conlleve un sacrificio por el pecado para salvarnos del juicio que merecemos se desecha como primitiva e inmoral.

O se reconoce que la cruz es parte de la historia, pero se atribuye su acción real a otro momento: a la encarnación (cuando Jesús nace como un ser humano), o a la resurrección o al Pentecostés y el derramamiento del Espíritu.

¿Las respuestas a estas preguntas que planteo realmente se hallan en la cruz?

Un logo curioso

Hoy día, cuando los clubes deportivos tienen un animal como parte de su logotipo, tienden a elegir los que impresionan e intimidan a la oposición: osos, toros, tigres, leones; aunque en el caso del condado de Stockport, los leones de la insignia del club de fútbol local de la ciudad donde crecí no han sido de mucha ayuda (el equipo languidece en la sexta división).

Lo mismo sucedió tiempo atrás, en el siglo I, cuando el cristianismo se extendió por todo el mundo antiguo. Cada legión del ejército romano llevaba con orgullo el símbolo del águila. ¡Imagínate si, en lugar del águila, hubieran ido a la batalla con un conejito, un ratón o un cordero! Y, sin embargo, para los primeros cristianos fue un cordero.

Un cordero no es ni remotamente impresionante. Es débil e indefenso. Y para los judíos, que celebraban la Pascua con el sacrificio de un cordero, era algo fácil de matar. Así que cuando los primeros seguidores de Jesús se enteraron de que se lo conocería como «el Cordero de Dios», habrán consultado al departamento de mercadeo. «¿No podemos tener un león en la insignia?».

Sin embargo, tenía que ser un cordero, porque la muerte de Jesús es central para el mensaje cristiano: el evangelio. Su muerte fue nada menos que *en una cruz*, con todas sus asociaciones con la delincuencia, la vergüenza pública y la maldición divina.

Cuando Juan el Bautista vio que Jesús se acercaba a él, dijo: «He aquí el Cordero de Dios, que quita el pecado del mundo» (Juan 1:29). Y en el último libro de la Biblia, Apocalipsis, se hace una referencia a Jesús como un león; pero no menos de veintisiete veces como el Cordero de Dios. En el trono del universo, por toda la eternidad, estará Dios y el Cordero (Apocalipsis 22:1). Los ángeles cantan: «El Cordero que fue inmolado es digno» (Apocalipsis 5:12). En la nueva creación, Jesús será conocido como el Cordero de Dios, porque su muerte sacrificial es clave para los propósitos eternos del Padre.

Y por eso la cruz también es clave para muchos de los problemas que nos aquejan.

El objetivo de este breve libro es que comprendamos el verdadero significado de la cruz y la valoremos mucho más. Y que, como resultado, vivamos cada vez más centrados en la cruz, que nos dejemos moldear más por ella, y que amemos y adoraremos más a Aquel que no escatimó a su propio Hijo, sino que lo dio por todos nosotros.

No obstante, antes de profundizar en las preguntas, vale la pena leer uno de los relatos de lo que sucedió el primer Viernes Santo hace dos mil años...

Crucifixión y muerte de Jesús

[26] Y llevándole, tomaron a cierto Simón de
Cirene, que venía del campo, y le pusieron
encima la cruz para que la llevase tras Jesús. [27] Y
le seguía gran multitud del pueblo, y de muje-
res que lloraban y hacían lamentación por él.
[28] Pero Jesús, vuelto hacia ellas, les dijo: Hijas
de Jerusalén, no lloréis por mí, sino llorad por
vosotras mismas y por vuestros hijos. [29] Porque
he aquí vendrán días en que dirán: Bienaventu-
radas las estériles, y los vientres que no conci-
bieron, y los pechos que no criaron. [30] Entonces
comenzarán a decir a los montes: *Caed sobre
nosotros; y a los collados: Cubridnos.* [31] Porque si
en el árbol verde hacen estas cosas, ¿en el seco,
qué no se hará?

[32] Llevaban también con él a otros dos, que
eran malhechores, para ser muertos. [33] Y cuando
llegaron al lugar llamado de la Calavera, le cru-
cificaron allí, y a los malhechores, uno a la dere-
cha y otro a la izquierda. [34] Y Jesús decía: Padre,
perdónalos, porque no saben lo que hacen.
Y repartieron entre sí sus vestidos, echando
suertes. [35] Y el pueblo estaba mirando; y aun
los gobernantes se burlaban de él, diciendo:
A otros salvó; sálvese a sí mismo, si éste es el
Cristo, el escogido de Dios. [36] Los soldados tam-
bién le escarnecían, acercándose y presentán-
dole vinagre, [37] y diciendo: Si tú eres el Rey de
los judíos, sálvate a ti mismo. [38] Había también

sobre él un título escrito con letras griegas, latinas y hebreas: ESTE ES EL REY DE LOS JUDÍOS.

39 Y uno de los malhechores que estaban colgados le injuriaba, diciendo: Si tú eres el Cristo, sálvate a ti mismo y a nosotros. 40 Respondiendo el otro, le reprendió, diciendo: ¿Ni aun temes tú a Dios, estando en la misma condenación? 41 Nosotros, a la verdad, justamente padecemos, porque recibimos lo que merecieron nuestros hechos; mas éste ningún mal hizo. 42 Y dijo a Jesús: Acuérdate de mí cuando vengas en tu reino. 43 Entonces Jesús le dijo: De cierto te digo que hoy estarás conmigo en el paraíso.

44 Cuando era como la hora sexta, hubo tinieblas sobre toda la tierra hasta la hora novena. 45 Y el sol se oscureció, y el velo del templo se rasgó por la mitad. 46 Entonces Jesús, clamando a gran voz, dijo: Padre, en tus manos encomiendo mi espíritu. Y habiendo dicho esto, expiró. 47 Cuando el centurión vio lo que había acontecido, dio gloria a Dios, diciendo: Verdaderamente este hombre era justo. 48 Y toda la multitud de los que estaban presentes en este espectáculo, viendo lo que había acontecido, se volvían golpeándose el pecho. 49 Pero todos sus conocidos, y las mujeres que le habían seguido desde Galilea, estaban lejos mirando estas cosas (Lucas 23:26-49).

Capítulo 1

¿Por qué necesitamos la cruz?

«Si hay un Dios, creo que estará muy contento de verme. Y si he pecado en algo, bueno, Dios me perdonará. Para eso es Dios».

Un paso importante como cristianos es reconocer cuán equivocada es esta actitud común y cuánto necesitamos la cruz.

Sin embargo, existe el peligro de que, a medida que avanzamos en la vida cristiana, nos alejemos de la cruz y actuemos como si ya no la necesitáramos. O al menos, no tanto como al principio. Si pensamos que la cruz es solo un puente que nos lleva a Dios, podemos sentir que ahora que estamos con Él, la cruz ha quedado atrás. Ya hizo su trabajo. O podemos sentir que ahora tenemos una vida ordenada o hemos empezado a comportarnos como es debido. ¿Por qué necesitamos la cruz hoy tanto como antes?

El profeta Isaías hablaba a individuos que pensaban que estaban bien como estaban y que no necesitaban la gracia de Dios. Sin embargo, luego, en Isaías

6:1-8, relata para beneficio de ellos cómo se encontró cara a cara con la realidad de cómo es Dios y cómo somos nosotros. Es una lectura estremecedora:

> En el año que murió el rey Uzías vi yo al Señor sentado sobre un trono alto y sublime, y sus faldas llenaban el templo. Por encima de él había serafines; cada uno tenía seis alas; con dos cubrían sus rostros, con dos cubrían sus pies, y con dos volaban. Y el uno al otro daba voces, diciendo: Santo, santo, santo, Jehová de los ejércitos; toda la tierra está llena de su gloria. Y los quiciales de las puertas se estremecieron con la voz del que clamaba, y la casa se llenó de humo. Entonces dije: ¡Ay de mí! que soy muerto; porque siendo hombre inmundo de labios, y habitando en medio de pueblo que tiene labios inmundos, han visto mis ojos al Rey, Jehová de los ejércitos.
>
> Y voló hacia mí uno de los serafines, teniendo en su mano un carbón encendido, tomado del altar con unas tenazas; y tocando con él sobre mi boca, dijo: He aquí que esto tocó tus labios, y es quitada tu culpa, y limpio tu pecado. Después oí la voz del Señor, que decía: ¿A quién enviaré, y quién irá por nosotros? Entonces respondí yo: Heme aquí, envíame a mí (Isaías 6:1-8).

Una perspectiva correcta de Dios y una perspectiva correcta de nosotros mismos son como los dos cristales de un par de anteojos. Si falta uno o ambos, la visión es borrosa, y corremos el riesgo de no ver por dónde caminamos o de caernos. Sin embargo, cuando ambos están en su lugar, vemos claramente nuestra continua necesidad de la cruz.

Calvino comienza sus *Institutos* —su teología monumental de la fe cristiana—, con estas palabras:

> *Casi toda la sabiduría que poseemos; a saber, la verdadera y sólida sabiduría, consta de dos partes: el conocimiento que el hombre debe tener de Dios, y el conocimiento que debe tener de sí mismo.*

Luego continúa:

> *El hombre nunca llega a un claro conocimiento de sí mismo, si primero no contempla el rostro de Dios... Porque al estar arraigado en nosotros el orgullo y la soberbia, siempre nos tenemos por justos, perfectos, sabios y santos, a menos que con pruebas manifiestas nos convenzamos de nuestra injusticia, maldad, locura e impureza.*

Por eso, necesitamos comenzar con estas dos verdades. A menos que tengamos esto en claro, nunca entenderemos por qué Jesús tuvo que morir.

Una grandiosa visión de Dios (vv. 1-4)

Uzías había sido rey de Judá durante más de cincuenta años, y su fama se había extendido por todas partes, «mas cuando ya era fuerte, su corazón se enalteció para su ruina; porque se rebeló contra Jehová su Dios» (2 Crónicas 26:16). En juicio, Dios lo hirió con lepra, y vivió aislado los últimos años de su vida. En el año 740 a.C. murió de lepra.

> En el año que murió el rey Uzías vi yo al Señor sentado sobre un trono alto y sublime (v. 1).

Isaías tuvo una visión del rey. El verdadero rey. El Rey de reyes. Y lo que vio sacudió su vida hasta los cimientos.

La majestad

Isaías debió haberse sentido como una hormiga diminuta al contemplar ese imponente trono y al Señor Dios sentado en él, alto y sublime; el asiento de toda autoridad y todo poder en el universo. Incluso solo el borde de su túnica real llenaba el edificio del templo. Y aun los serafines, las criaturas celestiales que servían a Dios, tuvieron que cubrir sus rostros para no ver su impresionante majestad, como si se estuvieran protegiendo los ojos de la luz intensa de los rayos directos del sol.

Piensa en la persona más importante que hayas conocido. Tal vez te sientas un poco intimidado en su presencia. Sin embargo, si hubieras estado con Isaías, cuando la puerta del templo se abrió en aquella visión, te habrías quedado sin palabras al entrar, levantar la vista y ver al Rey en su trono. Imponente. Majestuoso.

La santidad

> Y el uno al otro daba voces, diciendo: Santo, santo, santo, Jehová de los ejércitos; toda la tierra está llena de su gloria (v. 3).

Que Dios es santo significa que se distingue de nosotros, y es distinto de dos maneras. En primer lugar, es *incomparable*. Solo Él es el Creador, y todo lo demás ha sido creado. Como señala Isaías 40:25: «¿A qué, pues, me haréis semejante o me compararéis?».

Y en segundo lugar, significa que Él *no tiene pecado*: es puro, perfecto, justo, recto. Pureza inmaculada. En hebreo, una forma de expresar el grado máximo de algo es repetir la palabra. Por lo tanto, cuando nuestras versiones castellanas de la Biblia usan el término «oro puro» (p. ej., 2 Reyes 25:15, NTV), en el hebreo original dice «oro, oro». En la visión de Isaías, los serafines declaran que Dios es «santo, santo, santo». Es lo más santo que alguien puede ser.

Isaías estaba contemplando a Aquel cuyo poder es infinito y cuya gloria llena la tierra. Tan poderosas eran las fuertes voces de los serafines, que parecía que el edificio estaba a punto de derrumbarse. Y el humo, que simboliza la presencia de Dios, llenaba el lugar. Absolutamente estremecedor.

Nuestra idea de Dios

Las personas a veces dicen: *Suelo pensar en Dios como…*, y llenan el espacio en blanco con cosas como por ejemplo: *una fuerza como la electricidad* o *alguien que cuida de nosotros a la distancia.*

Es mera imaginación. No dice nada sobre el Dios que realmente está presente y no resalta la necesidad de la cruz. A veces me gusta pensar en mi cuenta bancaria con un saldo positivo de varios millones, pero tarde o temprano la fantasía queda aplastada bajo el peso de la realidad.

Aquí nos enfrentamos a cómo es Dios *en verdad;* es el Dios que está presente. En Salmos 50:21, Dios declara: «Pensabas que de cierto sería yo como tú». Es un error que todos tendemos a cometer. Dios no es solo una versión ligeramente superior a nosotros. Él es imponente en majestad y santidad, alto y sublime, sentado en el trono del universo.

La artista Tracey Emin recibió el encargo de diseñar una estatua para una ciudad británica. Se trataba de una pequeña ave encima de un poste de cuatro metros. Al preguntarle, declaró: «La mayoría de las esculturas públicas son un símbolo de poder que me parecen opresivas y lúgubres». Y explicó que quería algo «que apareciera y desapareciera, y que no fuera dominante». ¿No es eso exactamente lo que hemos hecho con Dios? Un Dios de imponente poder, majestad y santidad es bastante amenazador. Es mucho más razonable tener un pequeño Dios que no nos domine. Un Dios de bolsillo; un Dios pigmeo; un Dios como un ave sobre un poste, que aparece y desaparece cuando yo lo decido; un Dios no tan distinto de mí. Sin embargo, el Dios que contempló Isaías es el Dios que, en efecto, está presente.

¿Cómo fue ver a Dios cara a cara?

Una profunda conciencia del pecado (v. 5)

> Entonces dije: ¡Ay de mí! que soy muerto (v. 5).

Este no era un simple «Ay», como el de aquel que está parado al borde del Gran Cañón. Era el «Ay» de alguien aterrorizado. Isaías sabía que no solo era pequeño en presencia de la grandeza absoluta, sino que además era un pecador en presencia de la santidad absoluta.

En su propio ser, sintió la impureza de sus labios y de los labios de su pueblo. ¿Por qué? Tal vez porque al escuchar la exclamación de los serafines, se dio cuenta de que era demasiado pecador para unirse a ellos. O tal vez porque sabía que lo que decimos revela lo que hay en nuestro corazón.

Ver a Dios en su pureza inmaculada hizo que Isaías se diera cuenta de cuán pecador era. Se sintió expuesto. Era como un bolso que pasa por una máquina de rayos X en el aeropuerto; Dios podía ver todo en el corazón de Isaías. Incluso toda la inmundicia que Jesús dijo que hay en él:

> Porque de dentro, del corazón de los hombres, salen los malos pensamientos, los adulterios, las fornicaciones, los homicidios, los hurtos, las avaricias, las maldades, el engaño, la lascivia, la envidia, la maledicencia, la soberbia, la insensatez.

Todas estas maldades de dentro salen, y contaminan al hombre (Marcos 7:21-23).

El rey Uzías, herido de lepra, debía pregonar «¡Inmundo! ¡Inmundo!» (Levítico 13:45). Isaías ahora se dio cuenta de que él no era distinto... moralmente. Lo que le abrió los ojos a tal hecho fue ver a Dios como realmente es.

En la obra clásica de Charles Kingsley, *Los niños del agua*, el personaje central es Tom, un jovencito deshollinador. Un día, en una enorme mansión, se pierde mientras se arrastra en el laberinto de humeros y chimeneas. En lugar de bajar por la chimenea de la cocina, sigue hasta el hogar de una habitación impecablemente blanca, donde una niña encantadora yace dormida entre sábanas de color blanco inmaculado, una habitación donde no se ve una mota de suciedad. Tom, el pequeño huérfano deshollinador, mira a su alrededor, encantado ante su primer atisbo de tanta belleza y pulcritud, ya que nunca había imaginado que pudiera existir algo tan impecable y hermoso.

Sin embargo, luego ve a una pequeña criatura mugrosa y llena de hollín de pies a cabeza, parada en la alfombra rosada en medio de un charco de sudor negro que gotea de su cuerpo. Está tan fuera de lugar en ese entorno, que sacude su puño y grita furiosamente: «¡Sal de aquí de inmediato!», pero la figura sucia también sacude su puño.

Y de repente, por primera vez en su vida, el pobre Tom se da cuenta de que se está mirando en un espejo y se ve como realmente es. Se espanta. Con un grito desgarrador y desesperado, sale corriendo de la casa, y entre sollozos dice: «¡Debo limpiarme! ¡Debo limpiarme! ¿Dónde puedo encontrar un chorro de agua para lavarme y limpiarme?».

Ver a Dios en su santidad es como aparecer en esa habitación blanca inmaculada. De repente, nos vemos como realmente somos. Nos miramos en el espejo y vemos nuestra condición tan inapropiada ante la impecable presencia de Dios. Nos sentimos avergonzados, condenados, asustados. «¡Ay de mí! que soy muerto».

En nuestros peores momentos, simpatizamos bastante con nuestro pecado, pero la santidad de Dios implica que Él lo aborrece. Despierta su ira justa. *Debe* juzgarlo. Y como todos somos pecadores, ese futuro es aterrador. Llegará el día cuando «se meterán en las cavernas de las peñas y en las aberturas de la tierra, por la presencia temible de Jehová, y por el resplandor de su majestad, cuando él se levante para castigar la tierra» (Isaías 2:19). La santidad absoluta y el poder absoluto son una combinación aterradora.

Si nos consideramos básicamente personas buenas, nunca veremos nuestra necesidad de la cruz. Sin embargo, ver a Dios como realmente es expone lo que realmente somos.

En las vacaciones del verano pasado en Suecia, el sol salía a las 4 de la mañana, y como las ventanas de nuestro dormitorio daban hacia el este, las cubríamos con cortinas opacas. A la noche, las cortinas opacas se veían perfectas, pero cuando amanecía, no se podía negar que estaban llenas de agujeros. El sol brillaba como un reflector, incluso a través de los agujeros más pequeños. De manera similar, puedo considerarme bastante bueno, hasta que me coloco frente a la pureza de la santidad de Dios. Y luego, de repente, veo cuán lleno de agujeros estoy; entonces dejo de compararme con los demás y, en cambio, digo: «¡Ay de mí!».

En el capítulo anterior a su encuentro con Dios, Isaías declara repetidas veces «¡Ay!» de los que hacen esto, y «¡Ay!» de los que hacen aquello. Y, sin duda, como profeta de Dios, él era mucho mejor que las personas a las que exhortaba. Sin embargo, en la presencia divina, los grados de pecado se vuelven irrelevantes, y «¡Ay de aquellos!» se convierte en «¡Ay de mí!». Si me comparo con los demás, podría pensar que soy bastante bueno y sentirme tentado a estar orgulloso y ser crítico. Sin embargo, cuando veo a Dios tal como es, mi autoengaño se disipa, y sé que soy un pecador. Perdido. Arruinado. Sin esperanza… si estoy lejos de la cruz.

Una experiencia transformadora de la gracia (vv. 6-8)

> Y voló hacia mí uno de los serafines, teniendo en su mano un carbón encendido, tomado del altar con unas tenazas; y tocando con él sobre mi boca, dijo: He aquí que esto tocó tus labios, y es quitada tu culpa, y limpio tu pecado (vv. 6-7).

Limpio del pecado

Bajo el antiguo pacto, Dios dispuso un sistema de sacrificios para hacer expiación por los pecados del pueblo. Sin embargo, esos sacrificios de animales eran solo una figura, que representaba el sacrificio final de Cristo en la cruz.

El carbón tomado del altar significaba que se había hecho un sacrificio. Isaías había confesado que era un hombre de labios inmundos, y ahora uno de los serafines toma un carbón encendido del altar y toca con él sus labios inmundos. Y en ese único acto simbólico, él queda limpio del pecado. Los serafines proclaman: «Es quitada tu culpa, y limpio tu pecado». Qué palabras tan maravillosas para Isaías o, incluso, para cualquiera de nosotros. «Es quitada tu culpa», la culpa real ante el Dios santo, así como el sentimiento de culpa. «Y [es] limpio tu pecado». Limpio aquí significa que la deuda del pecado ha sido cancelada, pagada en su totalidad.

Isaías no dijo: *Sí, soy impuro, pero espera. Me esforzaré más. Puedo portarme mejor. Dame una oportunidad y me rectificaré.* Isaías queda limpio en un instante, no por sus propios esfuerzos, sino por pura gracia de Dios. Y así como él recibió la gracia de Dios mediante ese sacrificio, cuando aceptamos el sacrificio máximo de Cristo por nosotros, escuchamos las mismas palabras que oyó Isaías: «Es quitada tu culpa, y limpio tu pecado».

Esta es la única base sobre la que podemos presentarnos ante Dios. Como cristianos, debemos tener cuidado cuando comenzamos a pensar: *La verdad que soy bastante bueno. Hace años que soy cristiano. He mejorado en la piedad. Sirvo más que antes. Sé bastante. Y estoy haciendo más cosas que otras personas.* Necesito recapacitar, arrepentirme de tanto orgullo y autoengaño, y volver a ver cómo es Dios y cómo soy yo.

Porque aunque fueras Billy Graham y hayas predicado a millones de personas, y decenas de miles se hayan salvado por medio de ti, sin la gracia divina mediante la cruz, ante Dios no eres más que un pecador perdido.

Enviado a servir

Cuando dependemos de la gracia de Dios, entonces —y solo entonces—, estamos en condiciones de que Dios nos use.

> Después oí la voz del Señor, que decía: ¿A quién enviaré, y quién irá por nosotros? Entonces respondí yo: Heme aquí, envíame a mí (v. 8).

Limpio por la gracia de Dios, el profeta se ofrece alegremente para servirle. Y lo que pasó con Isaías podía suceder con el resto del pueblo de ese entonces, y con nosotros hoy. El *¡Ay de mí! ¡Sálvame!* se convierte en: *Heme aquí, ¡envíame a mí!* Eso es lo que hace la gracia. Si conozco la gracia de Dios en mí mediante la cruz, diré: *Señor, ¿qué puedo hacer por ti? ¿Cómo puedo servirte?* Si hay una necesidad en la iglesia, diré: *Heme aquí, envíame a mí.* Si alguien necesita escuchar las buenas nuevas de Jesús, diré: *Heme aquí, ¡envíame a mí!*

Sin embargo, si no he experimentado la gracia de Dios, servir al Señor no tiene sentido y solo me hará sentir orgulloso. Al conversar con una pareja mayor que vino a nuestra iglesia, les pregunté cuánto tiempo hacía que eran cristianos. Y el hombre dijo: «Bueno, se podría decir que ya soy como el encargado de la iglesia». Es una forma muy común de pensar, pero no significa nada. Podría estar haciendo todo tipo de cosas en la iglesia, pero nunca experimentar la gracia de Dios en mí. Sin embargo, siempre que se experimenta la gracia de Dios, el servicio fluye. Y mientras servimos, debemos seguir dependiendo de la gracia de Dios y estar cerca de la cruz; de lo contrario, nuestro servicio no producirá nada bueno en nosotros. Se convertirá en una carga y alimentará nuestro orgullo.

Solo si tenemos siempre presente una imagen clara de cómo es Dios y cómo somos nosotros, veremos nuestra necesidad de la cruz. El puritano John Owen escribió:

> *Hay dos cosas ideales para humillar el alma de los hombres; y son, primero, la debida consideración de Dios, y luego de sí mismos: de Dios, en su grandeza, gloria, santidad, poder, majestad y autoridad; de nosotros mismos, en nuestra maldad, vileza y pecado.*

Si tenemos estas dos cosas en mente, está claro que la cruz de Cristo fue, es y será siempre nuestra mayor necesidad.

¿Es el evangelio tan solo otro mito sobre el «Dios muerto y resucitado»?

Algunos afirman que la muerte y resurrección de Jesús es solo otra versión de un antiguo mito sobre un Dios muerto y resucitado. No hay pruebas que apoyen esta teoría, aparte de señalar supuestos paralelos con figuras míticas, como el dios egipcio Osiris o el dios griego Dionisio.

Atenas era una ciudad muy religiosa, donde todos los habitantes «en ninguna otra cosa se interesaban sino en decir o en oír algo nuevo» (Hechos 17:21). Sin embargo, cuando Pablo fue allí y predicó las buenas nuevas acerca de Jesús y la resurrección, no respondieron: *Ya hemos escuchado esto antes. ¡No es más que otra versión de la antigua historia mítica!* En cambio, dijeron que era una «nueva enseñanza» y señalaron: «Pues traes a nuestros oídos cosas extrañas. Queremos, pues, saber qué quiere decir esto» (Hechos 17:19-20). Aunque hubiera habido algún paralelo con los mitos antiguos, el mensaje acerca de Jesús era bastante diferente como para que los oyentes de Pablo lo descartaran como una antigua historia conocida que le estaban volviendo a contar.

Toda muerte y resurrección en los mitos antiguos estaban asociadas con las estaciones y las cosechas. El mensaje de la muerte y resurrección de Jesús es único: Dios se hizo hombre y murió por nuestros pecados, y resucitó físicamente para no volver a morir jamás. Y está basado de manera excepcional en hechos históricos, públicamente atestiguados.

Por lo tanto, Pablo pudo declarar al gobernador romano Festo los hechos que rodearon la vida de Jesús; en referencia a su muerte y resurrección, dijo: «no se ha hecho esto en algún rincón» (Hechos 26:26). Los relatos del evangelio de Jesús son históricamente confiables y testifican que fue crucificado bajo Poncio Pilato y luego sepultado. Al tercer día resucitó, como lo atestiguan la tumba vacía y las apariciones tras su resurrección.

Sin embargo, no es sorprendente que desde entonces se haya hecho eco de esta historia real en diversas historias, mitos y religiones. En el peor de los casos, muestra que el diablo no es original; sino que solo puede tomar la verdad y distorsionarla. En el mejor de los casos, muestra que el evangelio aborda las necesidades que todos tenemos. Otras historias de sacrificios que calman la ira de los dioses señalan nuestro sentido común del pecado y la culpa, y nuestro deseo de ser libres de estos.

Otras historias de dioses o superhéroes que se levantan o vuelven de la muerte confirman el deseo universal de un salvador y de una esperanza más allá de la muerte. Y las otras historias, en realidad, nos dan la oportunidad de contar a otros la verdadera historia de la cual aquellas son solo un pálido reflejo.

Capítulo 2

¿Qué sucedió en la cruz?

Lo que se conoce como el «símbolo de la paz» hizo su primera aparición en una marcha por la paz en Londres, en 1958.

Fue diseñado por el artista británico Gerald Holtom, quien escribió:

> *Estaba desesperado. Profundamente desesperado. Me dibujé a mí mismo: la representación de un individuo desesperado, con las manos abiertas hacia afuera y abajo a la manera del campesino de Goya ante el pelotón de fusilamiento. Concreté el dibujo con líneas, y lo encerré en un círculo.*

En la famosa pintura a la que hace referencia, las

manos del campesino están extendidas hacia arriba, no hacia abajo; pero de todos modos, el signo está basado en ese cuadro.

Sin embargo, para la mayoría de las personas, dicho significado ya se ha perdido. Medio siglo después de su creación, este potente símbolo ideológico se ha convertido en uno de los diseños más reconocibles del mundo y de los más comercializados. Su creador, seguramente, se revolcaría en su tumba si pudiera verlo adornar los aretes de Tiffany, las carteras de diseño exclusivo, los autos Volkswagen edición limitada y las camisetas favoritas de Madonna.

Hoy día es más probable que se vea en las pasarelas, que en las marchas de protesta. Y solo un número cada vez menor de personas tiene alguna idea de su origen en el movimiento de desarme nuclear. Un director creativo comentó: «Se parece casi a una cara sonriente», lo cual es irónico, dado que se diseñó para expresar una profunda desesperación.

No es el único símbolo que ha sufrido tal destino. Para muchos, la cruz se ha convertido en un logotipo más, y tienen poca idea de su significado real. Incluso dentro de la Iglesia, algunos podrían sentir que quizá ha llegado el momento de ponerse en contacto con expertos en mercadotecnia para que propongan algo más políticamente correcto que un instrumento de tortura y ejecución.

Entonces, ¿qué sucedió realmente en la cruz y por qué debemos conservarla, no solo como el símbolo, sino también como el centro de nuestra fe?

¡Dios nos dio la respuesta setecientos años antes de que Jesús naciera!

> He aquí que mi siervo será prosperado, será engrandecido y exaltado, y será puesto muy en alto. Como se asombraron de ti muchos, de tal manera fue desfigurado de los hombres su parecer, y su hermosura más que la de los hijos de los hombres, así asombrará él a muchas naciones; los reyes cerrarán ante él la boca, porque verán lo que nunca les fue contado, y entenderán lo que jamás habían oído. ¿Quién ha creído a nuestro anuncio? ¿y sobre quién se ha manifestado el brazo de Jehová? Subirá cual renuevo delante de él, y como raíz de tierra seca; no hay parecer en él, ni hermosura; le veremos, mas sin atractivo para que le deseemos. Despreciado y desechado entre los hombres, varón de dolores, experimentado en quebranto; y como que escondimos de él el rostro, fue menospreciado, y no lo estimamos.
>
> Ciertamente llevó él nuestras enfermedades, y sufrió nuestros dolores; y nosotros le tuvimos por azotado, por herido de Dios y abatido. Mas él herido fue por nuestras rebeliones, molido por nuestros pecados; el castigo de nuestra paz fue sobre él, y por su llaga fuimos nosotros curados. Todos nosotros nos descarriamos como ovejas, cada cual se apartó por su camino; mas Jehová cargó en él el pecado de todos nosotros.

> Angustiado él, y afligido, no abrió su boca; como cordero fue llevado al matadero; y como oveja delante de sus trasquiladores, enmudeció, y no abrió su boca. Por cárcel y por juicio fue quitado; y su generación, ¿quién la contará? Porque fue cortado de la tierra de los vivientes, y por la rebelión de mi pueblo fue herido. Y se dispuso con los impíos su sepultura, mas con los ricos fue en su muerte; aunque nunca hizo maldad, ni hubo engaño en su boca.
>
> Con todo eso, Jehová quiso quebrantarlo, sujetándole a padecimiento. Cuando haya puesto su vida en expiación por el pecado, verá linaje, vivirá por largos días, y la voluntad de Jehová será en su mano prosperada. Verá el fruto de la aflicción de su alma, y quedará satisfecho; por su conocimiento justificará mi siervo justo a muchos, y llevará las iniquidades de ellos. Por tanto, yo le daré parte con los grandes, y con los fuertes repartirá despojos; por cuanto derramó su vida hasta la muerte, y fue contado con los pecadores, habiendo él llevado el pecado de muchos, y orado por los transgresores (Isaías 52:13–53:12).

El capítulo 53 de Isaías es el cuarto de los cinco cánticos de Isaías sobre la obra de una figura llamada siervo de Dios. El Nuevo Testamento revela que el siervo de estas profecías es Jesús. El apóstol Felipe se encontró con un etíope que estaba leyendo parte de este mismo pasaje. «Entonces Felipe, abriendo su boca, y comenzando desde esta escritura, le anunció el evangelio de Jesús» (Hechos 8:35). Y el mismo Jesús citó este pasaje cuando dijo: «porque lo que está escrito de mí, tiene cumplimiento» (Lucas 22:37).

De los cánticos del siervo, esta es la gema de la corona. Está cuidadosamente estructurado, con cinco segmentos de tres versos cada uno. El primer y quinto segmento tratan sobre la victoria final del siervo; el segundo y el cuarto hablan de su sufrimiento; y el del medio —el central y el corazón del pasaje— trata sobre lo que sucedió en la cruz. Se destacan tres temas.

El sufrimiento del siervo

Primero, los sufrimientos de Jesús. Se lo describe aquí como «varón de dolores, experimentado en quebranto» (53:3). Provenía de inicios poco prometedores «como raíz de tierra seca» (v. 2). Nacido en un establo y en una familia pobre, creció en un remanso del norte, en uno de los países más pequeños del mundo.

Era de apariencia común y corriente: «No hay parecer en él, ni hermosura; le veremos, mas sin atractivo para que le deseemos» (v. 2). A diferencia de lo que se ve en algunas Biblias para niños, Jesús no era el joven modelo de su generación. No hubiera sobresalido en una foto. No tenía el atractivo glamoroso de una celebridad de Hollywood.

Y aunque a veces disfrutaba de una gran popularidad, muchos lo rechazaban, incluso sus familiares y amigos. Y lo odiaban. «Despreciado y desechado entre los hombres... como que escondimos de él el rostro, fue menospreciado, y no lo estimamos» (v. 3). Muchos lo odiaban tanto que ni siquiera lo miraban.

Y semejante rechazo culminó en el espantoso sufrimiento físico de su tortura y muerte agonizante por crucifixión. «Angustiado él, y afligido» (v. 7) habla de violencia física. Lo golpearon «de tal manera [que] fue desfigurado de los hombres su parecer, y su hermosura más que la de los hijos de los hombres» (52:14).

A veces vemos imágenes de alguien golpeado por una pandilla de matones, con la cara tan hinchada y desfigurada que resulta irreconocible. De modo que Jesús apenas parecía humano después que terminaron con él. Sin embargo, el peor de los sufrimientos es uno que no se puede ver: el sufrimiento espiritual de sentir el abandono del Padre.

Si quisieras vender un libro sobre negocios, la cara que pondrías en la portada sería la de alguien como Richard Branson. Una enorme sonrisa. Mechones ondulantes de cabello dorado. Una dentadura resplandeciente. Fundador de más de cuatrocientas empresas. Muy exitoso. Sin embargo, si has estado atravesando un momento difícil, es probable que no sea el tipo de persona a la que recurrirías, a menos que estuvieras buscando una donación.

Jesús no fue un hombre de éxitos, sino de quebrantos. Y eso es importante, porque el sufrimiento forma gran parte de la vida en este mundo caído. Lo vemos todos los días en las noticias y lo experimentamos en nuestra propia vida. Cuán afortunado es Dios, podríamos pensar, de vivir en el cielo donde todo es dulzura y luz. ¿Qué sabe Él del sufrimiento? **Respuesta:** *¡Todo!* El Verbo, que era Dios, se hizo carne y vivió entre nosotros. Y este Dios-hombre, Jesús, era varón de dolores, experimentado en quebranto. Como dice de Jesús un antiguo himno: «Nunca existió dolor como el suyo».

Los actores usan algo llamado «empatía imaginativa». Significa que para desempeñar un papel, imaginan lo que se siente en la piel del personaje que representan. Sin embargo, Dios no necesita imaginar el sufrimiento de un ser humano. Él lo vivió. En Jesús, sufrió más de lo que jamás sufriremos. Y eso significa que cuando la vida es dura para nosotros, podemos y debemos acudir a Él confiadamente. Sea lo que sea que estemos atravesando —estrés, aflicción, dolor físico, ruptura de relaciones, desilusión, soledad, pérdida, rechazo, traición, tentación, temor o duelo—, si nos acercamos a Él, sabemos que recibiremos «misericordia y [hallaremos] gracia para el oportuno socorro» (Hebreos 4:16).

Sin embargo, el sufrimiento de Jesús le permite no solo identificarse con nosotros, sino también rescatarnos. En algunos aspectos, el símbolo de la paz y la cruz parecen notablemente similares. Ambos representan a un hombre desesperado, con los brazos extendidos, frente a su ejecución; pero eso solo en un plano superficial. Dios revela en Isaías 52—53 de qué manera los sufrimientos de Jesús son únicos.

El sustituto

> Todos nosotros nos descarriamos como ovejas, cada cual se apartó por su camino; mas Jehová cargó en él el pecado de todos nosotros (v. 6).

Todos hemos seguido nuestro propio camino en la vida, no el camino de Dios. Como ovejas, nos hemos alejado del camino correcto, y esa negativa a seguirlo tiene un costo. En su sufrimiento y muerte, Jesús cargó el peso de nuestro pecado y nuestra culpa, y recibió el castigo por nosotros.

A Cheryl Anderson le diagnosticaron cáncer a los treinta y dos años de edad, cuando tenía dos meses de embarazo. Con un ciclo de quimioterapia y radiación, podría haber sobrevivido; pero se negó a recibir tratamiento. Su única preocupación era el bebé que llevaba en su vientre. A medida que el cáncer se extendía, se retorcía del dolor; pero rechazó cualquier droga que pudiera perjudicar al bebé. No tomaba analgésicos, excepto paracetamol. Su agonía era extenuante, pero esperaba vivir lo suficiente para que su bebé naciera bien. Su pequeña hija llegó sana y salva, pero Cheryl murió el mismo día. Soportó semejante dolor y renunció a su propia vida para salvar a su hija.

Al igual que esa madre desinteresada y amorosa, Jesús sufrió y murió por nuestra causa. Hizo todo por nosotros. Para darnos vida. La Biblia declara: «Porque la paga del pecado es muerte» (Romanos 6:23).

El sufrimiento y la muerte deberían haber sido para nosotros, pues nosotros somos los pecadores, no Jesús. Él era inocente, «nunca hizo maldad, ni hubo engaño en su boca» (Isaías 53:9). Incluso el ladrón crucificado junto a Él reconoció: «Éste ningún mal hizo» (Lucas 23:41). Pilato también reconoció que no había hallado «ningún delito... en este hombre» (Lucas 23:4). Jesús fue la única persona que vivió en este planeta «sin pecado» (Hebreos 4:15). Sin ningún pecado propio por el cual pagar, por amor, Él cargó con nuestros pecados y pagó por ellos. Se ofreció a ocupar nuestro lugar, como un sustituto.

Jesús nuestro sustituto

La idea de la *sustitución* se encuentra a lo largo de Isaías 52—53. «Ciertamente llevó él nuestras enfermedades, y sufrió nuestros dolores» (v. 4); «mas él herido fue por nuestras rebeliones, molido por nuestros pecados; el castigo de nuestra paz fue sobre él, y por su llaga fuimos nosotros curados» (v. 5); «mas Jehová cargó en él el pecado de todos nosotros» (v. 6); «por la rebelión de mi pueblo fue herido» (v. 8); «llevará las iniquidades de ellos» (v. 11); «habiendo él llevado el pecado de muchos» (v. 12). ¡Da la sensación de que este es un punto que Dios no quiso que pasáramos por alto!

Es alentador repasar estos versículos y cambiar la palabra «nuestros/as» por «mí». «Mas él herido fue por *mis* rebeliones, molido por *mis* pecados». Mi orgullo, mi egoísmo, mi falta de amor a Dios y al prójimo, eso es lo que Jesús estaba pagando. Es así de personal. Si creo en Cristo, soy uno de los «muchos» (v. 12) cuyo pecado llevó sobre sí.

Sin embargo, la cuestión no es hacerme sentir culpable, sino más bien agradecido.

Cuando Taylor Anderson, la hija de la madre que murió de cáncer, sea grande, imagino que los demás le contarán lo que su madre sufrió por ella, para darle la vida. Y cuando lo hagan, sentirá una gran emoción de que su madre la haya amado tanto para hacer eso por ella. De igual manera, deberíamos sorprendernos junto con el apóstol Pablo de que el «Hijo de Dios... [nos] amó y se entregó a sí mismo por [nosotros]» (Gálatas 2:20). ¿Qué es lo más grande que alguien ha hecho por ti? ¿Alguien más te ha amado tanto como Él?

Sin embargo, la idea de la sustitución en este pasaje no fue nada improvisada. Este plan estuvo en el corazón de Dios durante siglos de trato con su pueblo. En la Pascua, Dios exigió que se matara un cordero en lugar de cada hijo primogénito, para que pudieran salvarse.

De manera similar, en el día de la expiación anual, un macho cabrío sufría el castigo del pecado del pueblo y se sacrificaba. Y el sumo sacerdote tomaba otro macho cabrío, ponía las manos sobre su cabeza y confesaba sobre él todos los pecados del pueblo. Y luego se describe cómo «aquel macho cabrío [llevaba] sobre sí todas las iniquidades de ellos a tierra inhabitada» (Levítico 16:22). Por lo tanto, la idea de un sustituto no era nada nueva. El sistema de sacrificios del antiguo pacto estaba basado en la sustitución. Lo nuevo de este sacrificio es que era de un ser humano, no de un animal.

Al final tenía que ser una persona, «porque la sangre de los toros y de los machos cabríos no puede quitar los pecados» (Hebreos 10:4). Un animal y una persona no son equivalentes. Tenía que ser comparable. Para representarnos y tomar el lugar de los seres humanos, el sacrificio tenía que ser de una persona real.

En los Juegos Olímpicos, para representar a un país tienes que ser de tal país. Y, huelga decir, tienes que ser una persona. Un leopardo sacado del zoológico local seguramente vencería incluso a Usain Bolt en la carrera de cien metros, pero lo descalificarían por tener el ADN incorrecto. Asimismo, para representarnos y sufrir en nuestro lugar, Dios tuvo que hacerse hombre. Un varón de dolores. Un hombre de carne y hueso. «Así que, por cuanto los hijos participaron de carne y sangre, él también participó de lo mismo» (Hebreos 2:14). Nació como miembro de la raza humana. Usó nuestros colores y corrió para nuestro equipo: el Equipo de la Raza Humana. Y como hombre, sufrió el castigo que merecen nuestros pecados.

Hombres inicuos hicieron su parte y fueron responsables de eso; pero al final fue obra de Dios y el desarrollo de su plan de salvación. Pedro declara en Pentecostés:

> A éste, entregado por el determinado consejo y anticipado conocimiento de Dios, prendisteis y

matasteis por manos de inicuos, crucificándole (Hechos 2:23).

Dios el Padre estuvo directamente implicado, y esta fue la peor parte de los sufrimientos de Jesús. «Mas Jehová cargó en él el pecado de todos nosotros» (v. 6). «Con todo eso, Jehová quiso quebrantarlo, sujetándole a padecimiento» (v. 10). Y mientras lo hacía, Padre e Hijo, eternamente unidos en amor, estaban separados el uno del otro.

Por más agonizante que fuera, Jesús, Dios Hijo, estaba completamente de acuerdo con el plan. No fue un caso de «abuso cósmico de niños», como alguien lo ha llamado, donde Dios Padre castigó a una víctima pobre, indefensa y renuente. Padre e Hijo trabajaban juntos. «Angustiado él, y afligido, no abrió su boca; como cordero fue llevado al matadero; y como oveja delante de sus trasquiladores, enmudeció, y no abrió su boca» (v. 7). Su silencio dice mucho. Jesús, como el pastor bueno y amoroso, estaba dando su vida por las ovejas.

Una pequeña niña jugaba en el jardín y molestaba a una abeja hasta que esta la empezó a perseguir. En ese momento, su hermano mayor salió de la casa, y ella corrió a sus brazos. La abeja no se rindió, y al instante, hubo un gemido de dolor, y la niña sintió que su hermano se puso tenso mientras la seguía abrazando. La abeja lo había picado, pero la niña estaba a salvo, porque una abeja no puede picar dos veces.

En la cruz, Jesús recibió el aguijón del juicio de Dios en nuestro lugar. Si corremos a sus brazos, estaremos a salvo para siempre. Esta maravilla no pasó inadvertida para el autor que escribió este himno:

Jamás existió semejante amor, Rey amado.
Jamás un dolor como el que tú has soportado.
Este es mi Amigo, en cuya dulce alabanza,
cada día con gozo disfruta mi alma.

El éxito de la misión

Sin embargo, el sufrimiento y la muerte no fueron la última palabra. Y si lo hubieran sido, nos preguntaríamos si la sustitución realmente funcionó. ¿Dios la aceptó?

> Con todo eso, Jehová quiso quebrantarlo, sujetándole a padecimiento. Cuando haya puesto su vida en expiación por el pecado, verá linaje, vivirá por largos días, y la voluntad de Jehová será en su mano prosperada. Verá el fruto de la aflicción de su alma, y quedará satisfecho (vv. 10-11).

Después que se diera muerte al siervo, ¿cómo podía él ver su linaje, vivir por largos días y ver el fruto de la aflicción de su alma? Los antiguos lectores de Isaías se deben de haber devanado los sesos para tratar de entender eso, pero setecientos años después todo fue más que evidente. Pedro declaró en Pentecostés: «A este Jesús resucitó Dios, de lo cual todos nosotros somos testigos. Así que, exaltado por la diestra de Dios...» (Hechos 2:32-33).

Eso es lo que vemos profetizado aquí en Isaías. Jesús no solo resucitó, sino que fue exaltado. Ahí comienza el pasaje: «He aquí que mi siervo será prosperado, será engrandecido y exaltado, y será puesto muy en alto» (52:13). En otras partes, estos términos se usan para describir a Dios. Él es el «Alto y Sublime» (57:15). ¡Qué contraste! El siervo pasa de ser despreciado y rechazado a ser alto y sublime. Y el Jesús resucitado y exaltado se describe como un conquistador victorioso, que regresa triunfante de la batalla «y [que] con los fuertes repartirá despojos» (53:12).

Cuando ves jugar a tu equipo nacional en la televisión —tal vez tu equipo de fútbol o el equipo de atletismo olímpico—, cuando ganan, pegas un salto y gritas: «¡Ganamos, ganamos!». Y, sin embargo, *tú* no hiciste nada. Solo te sentaste en el sofá con el control remoto del televisor y un bol de palomitas de maíz. No obstante, sí ganaste, porque tus héroes te estaban representando. Cuando ganaron, tú ganaste; y compartes la alegría de la victoria.

Del mismo modo, Jesús es nuestro héroe conquistador. Ganó. Derrotó el pecado y la muerte, y comparte el botín de guerra con su pueblo. Gracias a su victoria, tenemos paz con Dios: «El castigo de nuestra paz fue sobre él» (v. 5); y hemos sido declarados justos ante Dios: «Justificará mi siervo justo a muchos» (v. 11).

¿Lo crees?

Dicen que la realidad supera la ficción, y es así. No es de extrañar que el capítulo 53 comience: «¿Quién ha creído a nuestro anuncio?». Increíble, pero todo lo que este pasaje predice ahora ha sucedido en la historia. El siervo del Señor vino, como se predijo. Sufrió y murió por los pecados, como se predijo. Resucitó y fue exaltado, como se predijo.

Unos años después que Jesús murió y resucitó, un hombre regresaba de Jerusalén, leyendo este fragmento de Isaías, pero no lo entendía. Así que Dios envió a Felipe, uno de los primeros discípulos, a explicarle este pasaje y anunciarle las buenas nuevas de Jesús. Y allí mismo, el hombre puso su fe en Jesús y se bautizó (Hechos 8:26-38). El mensaje que escuchó ese día es el mismo que hemos leído en este capítulo. Si fue suficientemente bueno para ese hombre, ¿por qué no para ti? ¿O para alguien que conoces? ¿Y por qué no hoy mismo?

Él llevó «el pecado de muchos» (v. 12). Si eres uno de los muchos, poner tu fe en Jesús es un privilegio asombroso. Como dice un himno:

> Cuando recuerdo del amor divino
> que desde el cielo al Salvador envió.
> Aquel Jesús que por salvarme vino
> en una cruz sufrió, por mí murió.
> Mi corazón entona la canción:
> Cuán grande es Él, cuán grande es Él.

¿No es Dios injusto por castigar a Jesús en nuestro lugar?

Sería injusto que Dios castigara a Jesús, si Jesús no estuviera relacionado con Él. Si así fuera, Dios estaría castigando a un pobre hombre que simplemente estaba en el lugar equivocado, en el momento equivocado. Sin embargo, en la persona de su Hijo, Dios estaba tomando el castigo sobre sí mismo. Jesús es completamente Dios, el Verbo eterno, que estaba con Dios y era Dios (Juan 1:1).

Uno de los villanos de la historia de la Iglesia es un hombre llamado Ario, que fue un líder de la iglesia de Egipto en el siglo IV. Enseñaba que Jesús no era Dios, sino un ser creado, como lo enseñan hoy los Testigos de Jehová. Uno de los héroes de la historia de la Iglesia es un obispo del siglo IV llamado Atanasio, quien se propuso dedicar su vida a oponerse a esta falsa enseñanza y fue exiliado durante diecisiete años por los problemas que causaba.

Luchó arduamente para que se reconociera la deidad de Cristo, porque sabía que nuestra salvación depende de ello. Si Jesús no fuera Dios, su muerte no podría salvarnos. La verdad bíblica que defendió Atanasio se resume en las palabras del Credo de Nicea: «Creo en un solo Señor, Jesucristo... Dios verdadero de Dios verdadero... de la misma naturaleza del Padre... que por nosotros, los hombres, y por nuestra salvación bajó del cielo».

Sin embargo, el sacrificio de Jesús también sería inválido si Él no estuviera relacionado con nosotros. Si solo fuera un espíritu divino, no podría representar a los seres humanos y morir por nosotros. No obstante, Jesús era completamente hombre así como completamente Dios. «Y aquel Verbo fue hecho carne, y habitó entre nosotros» (Juan 1:14).

Capítulo 3

¿Por qué tuvo que sufrir Jesús?

Los precios van en aumento (gas, electricidad, alimentos, seguros), y es entendible que a muchos les preocupe cómo van a pagar las cuentas a fin de mes. El costo de vida es una gran preocupación; pero ¿qué pasa con el costo del pecado, el costo de vida que creemos adecuado en el mundo de Dios?

¿Cuánto cuesta todo esto?

Algunos piensan que no hay ningún precio que pagar. «Vive como quieras, no habrá nada que pagar, no tendrás que rendir cuentas». Otros piensan que si, acaso, hay un precio que pagar al final de nuestras vidas, será insignificante. El equivalente a una multa por mal estacionamiento o a un tirón de orejas.

En Marcos capítulo 15, vemos el costo real del pecado en los sufrimientos de Jesús. La historia se cuenta de una manera casi objetiva; pero vale la pena volver a leerla y pensar en el dolor y la brutalidad de todo esto…

Y Pilato, queriendo satisfacer al pueblo, les soltó a Barrabás, y entregó a Jesús, después de azotarle, para que fuese crucificado.

Entonces los soldados le llevaron dentro del atrio, esto es, al pretorio, y convocaron a toda la compañía. Y le vistieron de púrpura, y poniéndole una corona tejida de espinas, comenzaron luego a saludarle: ¡Salve, Rey de los judíos! Y le golpeaban en la cabeza con una caña, y le escupían, y puestos de rodillas le hacían reverencias. Después de haberle escarnecido, le desnudaron la púrpura, y le pusieron sus propios vestidos, y le sacaron para crucificarle.

Y obligaron a uno que pasaba, Simón de Cirene, padre de Alejandro y de Rufo, que venía del campo, a que le llevase la cruz. Y le llevaron a un lugar llamado Gólgota, que traducido es: Lugar de la Calavera. Y le dieron a beber vino mezclado con mirra; mas él no lo tomó. Cuando le hubieron crucificado, repartieron entre sí sus vestidos, echando suertes sobre ellos para ver qué se llevaría cada uno. Era la hora tercera cuando le crucificaron. Y el título escrito de su causa era: EL REY DE LOS JUDÍOS. Crucificaron también con él a dos ladrones, uno a su derecha, y el otro a su izquierda. Y se cumplió la Escritura que dice: Y fue contado con los inicuos. Y los que pasaban le injuriaban, meneando la cabeza y diciendo: ¡Bah! tú que derribas el templo de Dios, y en tres días lo reedificas, sálvate a ti mismo, y desciende de la cruz. De esta manera también los principales sacerdotes, escarneciendo, se decían unos a otros, con los escribas: A otros salvó, a sí mismo no se puede salvar. El Cristo, Rey de Israel, descienda ahora de la cruz, para que veamos y creamos. También los que estaban crucificados con él le injuriaban.

Cuando vino la hora sexta, hubo tinieblas sobre toda la tierra hasta la hora novena. Y a la hora novena Jesús clamó a gran voz, diciendo: Eloi, Eloi, ¿lama sabactani? que traducido es: Dios mío, Dios mío, ¿por qué me has desamparado? Y algunos de los que estaban allí decían, al oírlo: Mirad, llama a Elías. Y corrió uno, y empapando una esponja en vinagre, y poniéndola en una caña, le dio a beber, diciendo: Dejad, veamos si viene Elías a bajarle. Mas Jesús, dando una gran voz, expiró. Entonces el velo del templo se rasgó en dos, de arriba abajo. Y el centurión que estaba frente a él, viendo que después de clamar había expirado así, dijo: Verdaderamente este hombre era Hijo de Dios.

También había algunas mujeres mirando de lejos, entre las cuales estaban María Magdalena, María la madre de Jacobo el menor y de José, y Salomé, quienes, cuando él estaba en Galilea, le seguían y le servían; y otras muchas que habían subido con él a Jerusalén» (Marcos 15:15-41).

De ese modo, en el clímax del Evangelio de Marcos, Jesús —el Cristo, el Hijo de Dios— está pagando por el pecado. No por el suyo, porque no tenía ninguno; sino por el pecado de su pueblo. Jesús vino «para dar su vida en rescate por muchos» (Marcos 10:45). Él, el Hijo de Dios sin pecado, estaba llevando sobre sí el pecado de su pueblo y pagando por él. Por lo tanto, si queremos calcular el costo del pecado, solo debemos considerar los sufrimientos de Jesús.

Hay un himno cristiano que proclama con gozo: «El precio ya se pagó». Estimar cuán alto fue realmente el precio es la clave de muchas cosas en la vida cristiana. Este pasaje nos ayuda a hacerlo.

- Para la persona que piensa que no hay costo por vivir como quiere, este pasaje plantea la pregunta: *¿Por qué, si así fuera, Dios permitió que su Hijo sufriera de semejante manera?*

- Para la persona que reconoce que hay un costo, pero cuya actitud es: «Yo pagaré por mis propios pecados», este pasaje ayuda a tomar conciencia: *Esto es pagar por el pecado.*

Antes, Jesús había anunciado, fatídicamente, que «era necesario al Hijo del Hombre padecer mucho» (Marcos 8:31). En este pasaje, vemos lo que quiso decir.

Un experimento de química, que recuerdo haber hecho en la escuela, es la cromatografía. La cromatografía es un método físico de separación para la caracterización de mezclas complejas. Se coloca un poco de tinta negra en un papel secante y se suspende en el agua. A medida que la tira de papel absorbe agua, la tinta se separa en las diferentes bandas de color de las cuales se compone. Cuando consideramos el sufrimiento de Jesús, vemos que se separa de manera similar en tres bandas principales.

1. El sufrimiento físico de Jesús

Primero, vemos el sufrimiento físico, que comenzó con la flagelación de Jesús (Marcos 15:15). Consistía en un horrible castigo romano donde varios soldados se turnaron para azotar a la víctima hasta que su carne colgaba en pedazos y sangraba. El instrumento utilizado era un látigo hecho de tiras de cuero unidas a piezas de hueso o plomo. A menudo los hombres morían después de sufrir semejantes azotes.

En los versículos 16-20, Jesús fue sometido a más torturas por parte de los soldados antes de ser llevado a su crucifixión. Por lo general, la víctima llevaba su propio travesaño (el poste horizontal); pero obligaron a otra persona a llevarlo por Jesús (v. 21), quizá porque ya estaba tan débil por los azotes que no pudo hacerlo por sí mismo.

> Y le dieron a beber vino mezclado con mirra; mas él no lo tomó (v. 23).

Esta era una bebida narcótica, un anestésico ofrecido a los condenados para adormecerlos. Sin embargo, Jesús rechazó cualquier analgésico. Eligió soportar tal agonía física con plena consciencia.

Cuando le hubieron crucificado (v. 24).

La crucifixión era una de las formas de castigo más crueles jamás concebidas. El historiador judío Josefo la describió como «la más miserable de todas las formas de morir». La palabra en inglés *excruciating* (que significa «atroz, insoportable») tiene la misma raíz que la palabra *crucifixion* (crucifixión).

Extendieron a Jesús sobre el poste horizontal y le clavaron sus muñecas a dicho poste. Luego lo levantaron y lo sujetaron a un poste vertical. Allí también clavaron sus pies. La muerte solía producirse por agotamiento y asfixia.

En su relato, Marcos no entró en detalles gráficos sobre el sufrimiento físico, porque no lo necesitaba. Sus antiguos lectores estaban familiarizados con estas cosas. Cuando salió la película *La Pasión de Cristo*, fui a verla con un amigo que no es creyente. Era un hombre bastante duro, seguro de sí mismo, que siempre tenía algo que objetar. Sin embargo, cuando salimos del cine, no dijo ni una palabra. Al final, le pregunté qué le había parecido. Solo dijo: «Fue la película más contundente que he visto en mi vida».

Para él, la cruz solo era una pieza de bisutería, sacada de su contexto. Por primera vez, apreciaba algo del sufrimiento físico de Jesús.

Sin embargo, ¿por qué en el plan de salvación de Dios tuvo que soportar Jesús tanto sufrimiento físico? La respuesta es que la pena por el pecado tiene una dimensión física. El sufrimiento físico es parte del costo del pecado. Por lo tanto, cuando Jesús sufrió en nuestro lugar, el precio que pagó incluía eso. Tenemos una vislumbre del costo físico del pecado en nuestro mundo de hoy. Vivimos rodeados de mucho sufrimiento físico: violencia, abuso, hambre, enfermedad, muerte. A fin de cuentas, la raíz es el pecado y el juicio de Dios a causa del pecado.

No obstante, este costo físico del pecado será más duro en el mundo venidero. Jesús advirtió sobre un lugar «donde el gusano de ellos no muere, y el fuego nunca se apaga» (Marcos 9:48). Podríamos debatir qué tan literal debemos tomar tales descripciones, pero lo que está claro en la Biblia es que el infierno es una realidad física. Un día, todos resucitarán físicamente de la muerte, ya sea para vida con Dios o para condenación. El infierno es un lugar de sufrimiento físico.

Ahora bien, gracias a que Jesús sufrió este castigo como nuestro sustituto, nosotros no tenemos que hacerlo. Aquellos que creen en Jesús, finalmente, disfrutarán de la vida en un mundo perfecto donde ya no habrá más sufrimiento físico «y ya no habrá muerte, ni habrá más llanto, ni clamor, ni dolor» (Apocalipsis 21:4), porque Jesús ya pagó la totalidad del precio por el pecado.

2. El sufrimiento social de Jesús

La segunda dimensión del sufrimiento de Jesús fue social. Esta es una escena llena de **vergüenza y humillación**. La muerte por crucifixión implicaba estar desnudo —los soldados apostaron por la ropa de

Jesús (Marcos 15:24)—, extendido y expuesto públicamente. Era la forma más vergonzosa y humillante de morir. Y el sitio de la crucifixión, el Gólgota (v. 22), era un lugar muy público, una pequeña colina a las afueras de las murallas de la ciudad.

El escritor romano Cicerón dijo que «incluso la sola mención de la "cruz" debe permanecer muy lejos, no solo de los labios de los ciudadanos de Roma; sino también de sus pensamientos, sus ojos, sus oídos»; tal era la vergüenza asociada con la cruz.

Luego hubo **escarnio**. Marcos 15:29-32 describe a cuatro grupos que ridiculizaban a Jesús mientras colgaba en el madero:

- «Los que pasaban le injuriaban» (v. 29): había muchos *espectadores*. «Sálvate a ti mismo, y desciende de la cruz».

- «También los *principales sacerdotes*, escarneciendo, se decían unos a otros, con los escribas: A otros salvó, a sí mismo no se puede salvar» (v. 31). Una crueldad increíble.

- «También los que estaban crucificados con él le injuriaban» (v. 32). Hasta los *delincuentes condenados* protestaban furiosamente contra Él.

- Y las *autoridades romanas* se unieron al escarnio. Encima de su cabeza, «el título escrito de su causa era: EL REY DE LOS JUDÍOS» (v. 26). No era más que una burla cruel.

Y experimentó **soledad**. Casi todos estaban en contra de Él. Se quedó completamente solo; objeto de tal veneno y odio.

¿Por qué en el plan de salvación de Dios tuvo que sufrir Jesús semejante deshonra, vergüenza, escarnio, odio y soledad? Porque es parte del costo del pecado. Fue una de las «muchas cosas» que el Hijo de Dios tuvo que sufrir para pagar el precio por nuestro pecado.

Vemos una vislumbre de este «costo social del pecado» en nuestro mundo de hoy. Una de las consecuencias de rechazar a Dios es que el mundo está lleno de relaciones rotas y todo el dolor y la desdicha que eso conlleva. Gran cantidad de odio, vergüenza, soledad, crisis social y abuso.

Sin embargo, este costo social del pecado será más severo en el infierno. A veces las personas bromean y dicen que no les importa irse al infierno, porque todos sus amigos estarán allí y será una larga fiesta; pero el infierno es un lugar de completa desintegración social. Todos serán avergonzados y humillados, como lo fue Jesús. Se quedarán solos, totalmente aislados, como lo estuvo Jesús. No habrá amor ni amistad, solo odio, ridículo y crueldad, como experimentó Jesús.

A veces se usa la expresión «habrá un infierno que pagar». En los sufrimientos de Cristo, tenemos una idea de lo que realmente significa. Como testigos de sus sufrimientos, somos como turistas que visitan por un día el infierno; pero gracias a que Jesús sufrió el infierno en nuestro lugar, no tenemos que ir allí.

Para aquellos que creen en Él, el precio social del pecado también ha sido pagado por completo. Y podemos esperar esa vida en comunidad postrera, la ciudad eterna donde Dios vivirá con su pueblo. Un lugar de amor, armonía y paz. En lugar de la vergüenza y deshonra que merecemos, disfrutaremos de gloria y honra, porque Él sufrió todo eso por nosotros.

3. El sufrimiento espiritual de Jesús

Y hubo más.

> Y a la hora novena Jesús clamó a gran voz, diciendo: *Eloi, Eloi, ¿lama sabactani?* que traducido es: Dios mío, Dios mío, ¿por qué me has desamparado? (v. 34).

En la cruz, Jesús no solo *sintió* que Dios lo había abandonado. Realmente, *fue* **abandonado**. Y ese sufrimiento espiritual fue la máxima agonía para Jesús. En su bautismo, una voz del cielo había declarado: «Tú eres mi Hijo amado; en ti tengo complacencia» (Marcos 1:11). Sin embargo, ahora en la cruz, el Hijo amado se convirtió en el objeto de la justa ira de Dios.

En una de las plagas de Éxodo, las tinieblas habían cubierto la tierra de Egipto, y ahora las tinieblas del juicio de Dios cubrieron la tierra de Israel durante tres horas desde el mediodía (Marcos 15:33) mientras Jesús estuvo allí, abandonado por Dios.

¿Por qué, en el plan de salvación de Dios, tuvo que soportar Jesús semejante sufrimiento espiritual? Porque es parte del costo del pecado. En su sufrimiento espiritual, Él estaba pagando el precio por nuestros pecados.

Vemos una vislumbre del costo espiritual del pecado en nuestro mundo de hoy. Personas alejadas de Dios, sin esperanza, ni propósito ni significado; pero, otra vez, el costo espiritual del pecado será más severo en el infierno. Ahora, mientras vivimos en el mundo de Dios, todos disfrutamos muchas de sus bendiciones. Vida, amor, salud, belleza, gozo, todas estas cosas provienen del Dios que nos colma de sus dádivas.

Sin embargo, en el infierno, el costo espiritual del pecado se experimentará de manera exacerbada. Un lugar de total alienación de la bondad de Dios. Jesús describió el infierno como «las tinieblas de afuera» (Mateo 12:13), donde nunca se verá la luz del favor de Dios; sino solo la oscuridad de su justa ira. Un lugar de absoluta desesperación, futilidad y desesperanza.

Ahora bien, gracias a que Jesús sufrió esto en nuestro lugar, nosotros no tenemos que hacerlo. Para aquellos que creen en Él, el costo espiritual del pecado ha sido pagado en su totalidad, y el camino hacia la presencia de Dios se ha abierto de par en par.

Al instante que Jesús murió, «el velo del templo se rasgó en dos, de arriba abajo» (v. 38). Durante siglos, esa gruesa cortina del templo había sido una enorme señal de «no entrada», que separaba al pueblo de la presencia de Dios en el Lugar Santísimo. Solo el sumo sacerdote podía entrar, y solo una vez al año. Sin embargo, al instante que Jesús murió, Dios rasgó el velo. Ya no hay necesidad de sacerdotes, sacrificios y templos. En cambio, cualquier persona que cree en Jesús disfruta de la presencia y la intimidad con el Padre por medio de Él. Y esperamos un futuro eterno en un lugar donde «Dios mismo estará con [nosotros] como [nuestro] Dios» (Apocalipsis 21:3).

Cuando era niño, tallé las palabras «Dios es amor» en un pedazo de madera que mi madre todavía conserva. De hecho, un día quemé las letras con una enorme lupa, sentado a la luz del sol. La lupa toma y concentra los rayos del sol hacia un pequeño punto. Y el calor de esos rayos concentrados es tan intenso que puede quemar la madera.

En la cruz, fue como si una enorme lupa hubiera tomado los rayos del juicio de Dios por los pecados de millones y millones de hijos de Dios y los hubiera concentrado en un punto: su precioso Hijo, Jesús.

El verdadero costo de vivir como queremos

En este pasaje, encontramos un desglose del costo de vivir como queremos en el mundo de Dios; un costo tremendamente alto. Vemos el costo físico, social y espiritual en los sufrimientos de Jesús, al hacerse cargo del pecado de su pueblo y pagar el precio en su totalidad.

Hubo varias respuestas a la crucifixión de Jesús.

Tenemos a **Simón de Cirene** (Marcos 15:21), un libio que pasaba por allí y se vio obligado a cargar la cruz en lugar de Jesús. Como sucedió con él, la relación de algunas personas con Jesús fue resultado de una imposición. Quizá los obligaron a ir a la iglesia cuando eran pequeños o a la capilla de la escuela, y se han resentido y apartado por eso.

Luego, **los soldados** (v. 24). Para ellos fue una ejecución rutinaria. Solo otro día en sus funciones. No vieron nada significativo en los sufrimientos de este hombre. Estaban más interesados en repartirse la ropa de Jesús para su propio beneficio. Al igual que ellos, algunas personas solo se ocupan de hacer su trabajo y ganarse la vida.

También estaban **los principales sacerdotes** (v. 31), que se burlaban de Jesús y de su afirmación de ser el Cristo. Como ellos, muchas personas religiosas menosprecian a Jesús y sus declaraciones.

Luego estaban los **espectadores** (v. 35), que pensaban que Jesús estaba llamando a Elías, cuando en realidad estaba clamando a Dios. Las palabras suenan parecidas en hebreo y arameo. Como ellos, muchas personas nunca han entendido realmente *por qué* murió Jesús. Estos espectadores incluso trataron de darle a beber vinagre (v. 36), para que siguiera vivo y ver si Elías iba a rescatarlo. Para ellos solo fue un buen entretenimiento. Del mismo modo, algunas personas solo van a la iglesia en Navidad y Semana Santa, por el espectáculo.

Sin embargo, al final vemos una respuesta muy diferente:

> Y el centurión que estaba frente a él, viendo que después de clamar había expirado así, dijo: Verdaderamente este hombre era Hijo de Dios (v. 39).

Cuando recibes la factura de tu tarjeta de crédito por correo, alguien tiene que pagar. No desaparecerá solo porque la pongas en la papelera. Vivir como queremos en el mundo de Dios e ignorarlo tiene un precio muy alto. La pregunta es: *¿Quién va a pagar?*

Al final nos queda una simple opción. O reconocemos a Jesús por quién es Él y le permitimos pagar por nosotros, o nosotros pagaremos por nuestro pecado en la eternidad. Los sufrimientos de Jesús nos han dado una idea del horror de semejante precio.

En un universo moral, alguien tiene que hacerse cargo de la factura de mi pecado. No puede ser un amigo o un ser querido, porque ellos tienen su propia factura que pagar. La maravillosa noticia del evangelio es que Dios *te dice*:

> *Dámela. Déjame pagar. Jesús sufrió en tu lugar para pagar el precio en su totalidad. ¿Aceptas?*

Que Jesús haya soportado voluntariamente tanto sufrimiento por nosotros nos muestra que somos amados más de lo que jamás hubiéramos imaginado. También nos muestra que el pecado es un asunto muy, muy grave.

Saber cuánto le costó a Jesús pagar el precio por mi pecado debería darme la determinación renovada de hacer morir el pecado en mi vida. No de dar excusas ni dejarme tentar por él, sino hacerlo morir.

Y nos muestra cuán bendecidos somos en verdad. En los sufrimientos de Jesús, vislumbramos el castigo eterno del cual nos hemos librado. Y estaremos eternamente agradecidos por ello.

¿No es exagerada la reacción de Dios ante el pecado en proporción al delito?

Cuando consideramos el sufrimiento de Jesús y el sufrimiento eterno del infierno, podemos sentir que Dios reacciona de manera exagerada en su castigo por el pecado. Sin embargo, en primer lugar, como seres humanos pecadores, no vemos el pecado como Dios lo ve. Dios es santo y aborrece el pecado, mientras que a nosotros con frecuencia nos gusta bastante. Debido a que somos pecadores, nuestro sentido de lo que es justo y recto está distorsionado.

En segundo lugar, puesto que el pecado es contra Dios, es un asunto muy grave. Como dijo David: «Contra ti, contra ti solo he pecado» (Salmos 51:4). Alguien lo ha explicado así: «La gravedad de la ofensa depende de la dignidad de la persona contra la que se comete la ofensa». Si viéramos a alguien cortar en pedacitos a un gusano, podríamos irritarnos por una manera tan cruel e injustificada de tratar a una criatura viviente, pero no nos horrorizaríamos. Si viéramos mutilar a un gato, nos enojaríamos mucho más y quizá intervendríamos; porque en nuestra escala de valores, un gato es un animal más noble que un gusano. Y si viéramos a alguien torturar a un niño, nos horrorizaríamos y el recuerdo quedaría grabado para siempre en nuestra memoria. En todos los casos, la acción sería la misma, pero cometida en contra de un ser diferente. Cercenar a un gusano no es tan grave como cercenar a un ser humano. Entonces, ¿qué tan grave debe ser una ofensa contra Dios:

el Creador, el Increado, que está muy por encima de todas las criaturas? ¿Cómo podemos medir tan espantosa maldad?

Y en tercer lugar, el castigo por el pecado en el infierno no tiene fin, porque el pecado de las personas en el infierno es interminable. Allí no hay arrepentimiento del pecado.

¿Cómo puede un solo hombre pagar la pena eterna de tantas personas en unas pocas horas?

¿Cómo podría el sufrimiento de un solo hombre pagar la pena debida por millones de personas? ¿Y cómo podría su sufrimiento durante unas pocas horas en la cruz ser un castigo equivalente a una eternidad en el infierno, «donde el gusano de ellos no muere» —dijo Jesús—, «y el fuego nunca se apaga» (Marcos 9:48)?

Nunca entenderemos cómo puede ser esto, porque, como alguien dijo: «¡Las mentes finitas, como cabe esperar, no pueden comprender las matemáticas del infinito!». Sin embargo, la respuesta básicamente se encuentra en quién es ese solo hombre. Otra persona lo expresó así: «El valor del sacrificio de Cristo consiste en el valor infinito de su propia persona». Jesús no era solo otro hombre. Él es «el Verbo eterno», que estaba «con Dios, y el Verbo era Dios» (Juan 1:1), que se hizo carne. «Porque en él habita corporalmente toda la plenitud de la Deidad» (Colosenses 2:9).

Debido a quién es Él, tiene un valor infinito, y su sufrimiento tiene un valor infinito. «La sangre preciosa de Cristo» (1 Pedro 1:19) tiene un valor infinito. De modo que Él solo vale más que todas las personas juntas, y su sufrimiento podía pagar por los pecados de cualquier número de personas. Y debido a su valor infinito, su sufrimiento también lo fue, aunque solo duró un tiempo finito, «porque con una sola ofrenda hizo perfectos para siempre a los santificados» (Hebreos 10:14).

Capítulo 4

¿Qué logró la cruz?

Para mí, Suiza es uno de los países más impresionantemente bellos del mundo.

Montañas cubiertas de nieve, lagos de aguas cristalinas, pueblos que parecen sacados de una postal. ¿Qué más se puede pedir?

Sin embargo, hace unos días estaba conversando con un joven suizo. Le pregunté cómo era vivir allí y por qué diantres querría mudarse, como acababa de hacer. Me respondió: «Cuando creces allí, no te das cuenta. Tomas el tren para ir a trabajar y viajas a través de los Alpes suizos. Los turistas se vuelven locos de emoción, con la nariz apretada contra las ventanas; pero tú solo hojeas el periódico o miras al vacío».

Podría suceder algo parecido con la cruz.

Si has crecido en un país donde la cruz es solo una parte del paisaje, es fácil no darle su debido valor. Tanto más si creciste en un hogar cristiano o si has sido cristiano durante muchos años. La cruz es solo parte del mobiliario. Y tal vez, solo cuando ves la reacción de alguien que la aprecia por primera vez, te das cuenta de que has perdido algo.

Una forma de recuperar ese sentido de admiración es observar más de cerca lo que logró la cruz, y Romanos 3 es un excelente pasaje que nos ayuda a hacerlo. Martín Lutero describió este pasaje como «el punto principal... y la parte central de toda la Biblia».

> Pero ahora, aparte de la ley, se ha manifestado la justicia de Dios, testificada por la ley y por los profetas; la justicia de Dios por medio de la fe en Jesucristo, para todos los que creen en él. Porque no hay diferencia, por cuanto todos pecaron, y están destituidos de la gloria de Dios, siendo justificados gratuitamente por su gracia, mediante la redención que es en Cristo Jesús, a quien Dios puso como propiciación por medio de la fe en su sangre, para manifestar su justicia, a causa de haber pasado por alto, en su paciencia, los pecados pasados, con la mira de manifestar en este tiempo su justicia, a fin de que él sea el justo, y el que justifica al que es de la fe de Jesús.
>
> ¿Dónde, pues, está la jactancia? Queda excluida. ¿Por cuál ley? ¿Por la de las obras? No, sino por la ley de la fe. Concluimos, pues, que el hombre es justificado por fe sin las obras de la ley. ¿Es Dios solamente Dios de los judíos? ¿No es también Dios de los gentiles? Ciertamente, también de los gentiles. Porque Dios es uno, y

él justificará por la fe a los de la circuncisión, y por medio de la fe a los de la incircuncisión. ¿Luego por la fe invalidamos la ley? En ninguna manera, sino que confirmamos la ley (Romanos 3:21-31).

La justificación del pecador

Lo clave, fundamental y más importante que logró la cruz es nuestra **justificación**. Por la muerte de Jesús, somos justificados. «Por cuanto todos pecaron, y están destituidos de la gloria de Dios, siendo justificados gratuitamente por su gracia» (vv. 23-24). Es muy importante que comprendamos el significado de esta palabra para entender correctamente el significado de la cruz.

«Justificado» era, originalmente, un término legal que significaba ser absuelto —declarado justo— ante un juez en un tribunal de justicia. Lo contrario de ser justificado era ser condenado. Así pues, Deuteronomio 25:1 dice que el trabajo de un juez es justificar a los inocentes y condenar a los culpables.

Condenado ante el tribunal de Dios

Si alguna vez estuviste en un tribunal, probablemente te sentaste en el sector de espectadores, en el jurado o en el lugar de testigo o víctima. Pocos de nosotros habremos comparecido ante el tribunal como el acusado; pero un día, *todos lo haremos*, en el tribunal de justicia celestial, donde Dios, el Creador, preside como juez. Estaremos en juicio por nuestra vida. Y la acusación se describe en Romanos 3:23: «Todos pecaron, y están destituidos de la gloria de Dios».

Moralmente hablando, muchas personas imaginan a la humanidad distribuida en diferentes pisos de un rascacielos. En el último piso, se encuentran las personas más morales o religiosas del mundo: la Madre Teresa y similares. Luego, en el siguiente nivel, se encuentran las grandes personas que hacen muchas obras de bien y caridad. Luego está el piso con todas las personas promedio, que se esfuerzan por ser buena gente y no cometen grandes maldades. Este es normalmente el piso donde la mayoría piensa que vive. Y debajo de ti, están los agentes de autos usados, los vendedores agresivos y los que protestan y refunfuñan. En la planta baja, están los delincuentes regulares. Y luego, escondidos en el sótano, se encuentran los pedófilos, asesinos en masa y otros, cuyos delitos desaprobamos.

La mayoría piensa que la forma en que esto funciona es que Dios traza una línea en alguna franja de ese espectro moral. Creemos que Dios acepta a todos los que viven en nuestro piso y en los de arriba. ¡Nos salvamos!

Sin embargo, en realidad solo hay un piso. Y todos los que están allí son condenados. Aquellos que creemos que han alcanzado el pináculo del valor moral y la abnegación son tan condenados como aquellos que creemos que son absolutamente aborrecibles y reprobables. Todos, incluidos tú y yo.

Porque todos nosotros, *sin excepción*, estamos muy

lejos de la gloria y la perfección de Dios. Por eso, el día del juicio es un futuro aterrador, porque será un «día de la ira y de la revelación del justo juicio de Dios» (Romanos 2:5).

En el transcurso de una semana promedio, muchas preguntas pasan por la mente de una persona: «¿Dónde puedo encontrar un plomero decente?»; «¿qué debo hacer durante el resto de mi vida?»; «¿cerré la puerta principal cuando salí de casa esta mañana?»; «¿cómo puedo tener paz interior?»; «¿dónde está mi billetera?». No muchos se preguntan: «¿Cómo puedo ser justificado ante Dios en lugar de ser condenado?». Sin embargo, es la pregunta más importante que deberíamos hacernos. Como la persona culpable que soy, ¿cómo puedo escapar del juicio venidero?

Justificado por la gracia de Dios

La respuesta está en Romanos 3:24. Somos...

> justificados gratuitamente por su gracia, mediante la redención que es en Cristo Jesús.

Ser justificado —declarado justo ante Dios, el juez—, es un regalo de Dios mediante la cruz de Cristo. Es el resultado de la gracia, el favor inmerecido del Padre.

Hace unos días, estaba en un restaurante de comida para llevar. Un letrero junto al mostrador decía: *Llévese una botella de refresco gratis, si gasta más de $ 45.* Mi porción de pollo con fideos chinos salió $ 3,80, por lo que no era una buena oferta para mí. No se reciben muchas cosas gratis en la vida. Sin embargo, lo que más necesitamos, ser justificados ante Dios, es un regalo gratuito que viene de Él.

Y todo lo que tenemos que hacer es recibirlo. Es...

por medio de la fe (v. 25).

La fe es, simplemente, ir a Dios con las manos vacías y decirle gracias. «La justicia [la misma palabra que "justificación"] de Dios [es] por medio de la fe en Jesucristo, para todos los que creen en él» (v. 22). No es que Dios haga su parte y nosotros lo ayudamos haciendo nuestra parte de fe. Estar justificados ante Dios es 100% obra de Dios y 0% nuestras propias obras o méritos.

Imagínate que alguien te ofreciera una gran fortuna y te dijera que todo lo que necesitas es una cuenta separada donde depositar el dinero. Así que abres una cuenta nueva, y él te transfiere el regalo. La fe es exactamente como abrir una cuenta donde recibir el dinero. No estamos contribuyendo en nada. Después no dirías: «Bueno, sí, tal persona me dio diez millones, pero no te olvides que fui yo quien abrió la cuenta. Yo hice mi parte ¡Me lo merecía!».

Y gracias a que dijimos que sí a este regalo gratuito, no tenemos que esperar hasta el día del juicio para escuchar el veredicto. Romanos 5:1 declara que *hemos sido* «justificados, pues, por la fe». Tiempo pasado. Ya ha concluido.

Algunos juicios se prolongan durante semanas,

incluso meses. La tensión debe ser insoportable si estás en juicio por tu vida, mientras esperas el momento en que finalmente se lea el veredicto.

Algunas personas pasan toda la vida con esa tensión, mientras esperan el día del juicio final. Incluso los creyentes. *Esperan* que el veredicto sea favorable, pero *no están seguros* de haber hecho lo suficiente. Sin embargo, Pablo dice que somos...

> justificado[s] por fe sin las obras de la ley (Romanos 3:28).

Si creemos en la muerte de Jesús en la cruz, escuchamos el veredicto que ahora declara: «**Justificado**». Y si se trata de nosotros, deberíamos levantar nuestro puño al aire y saltar de alegría, como alguien que estaba en prisión y que acaba de salir en libertad.

Si eres absuelto en un tribunal, se te declara inocente de los cargos presentados en tu contra. Sin embargo, la justificación bíblica es incluso mejor que eso. Significa ser declarado *justo* ante Dios, no solo absuelto. Ha ocurrido un maravilloso intercambio.

> Al que no conoció pecado, por nosotros lo hizo pecado, para que nosotros fuésemos hechos justicia de Dios en él (2 Corintios 5:21).

En la cruz, nuestros pecados se incriminaron a Jesús, y Él pagó por ellos, como si los hubiera cometido Él mismo. Dios lo trató como si fuera el pecador. Y por consiguiente, nosotros disfrutamos el perdón de todos nuestros pecados. «Todos los que en él creyeren, recibirán perdón de pecados por su nombre» (Hechos 10:43).

Sin embargo, no solo Jesús pagó por nuestros pecados, sino que Dios nos considera justos por nuestra fe en Él. «Creyó Abraham a Dios, y le fue contado por justicia» (Romanos 4:3).

Jesús vivió de manera perfecta. Obedeció siempre en todo al Padre, siempre hizo la voluntad de Dios, nunca pecó. Esa vida de perfecta obediencia ahora ha sido acreditada a nuestra cuenta, con el resultado de que, aunque todavía somos pecadores, Dios nos considera tan justos como a Cristo mismo.

Como proclama un antiguo himno: *Jesús, tu sangre y justicia, mi gloria y belleza son*. No es solo que la cuenta de nuestra deuda con Dios ha sido pagada y nos ha quedado el saldo en cero. ¡Nuestra cuenta con Dios ahora tiene millones en crédito!

Esta justificación es la llave de la puerta de entrada que nos da acceso a las bendiciones de la casa de Dios. Las bendiciones que derivan de la justificación son abundantes y maravillosas.

Paz con Dios

«Justificados, pues, por la fe, tenemos paz para con Dios por medio de nuestro Señor Jesucristo» (Romanos 5:1). Por naturaleza, somos enemigos de Dios. Debido a nuestro pecado, estamos enemistados con Dios y Él con nosotros. Estamos en guerra. Sin embargo, mediante la cruz nos reconciliamos con Dios. «Porque... siendo enemigos, fuimos reconciliados con Dios por la muerte de su Hijo» (5:10). Si alguien merece un Premio Nobel de la Paz, ¡es el Señor! Él ha traído paz.

Y esta paz con Dios trae paz interior. Existe una comunidad en línea, que reúne a las personas que están de acuerdo con la afirmación: *«Anhelo encontrar paz interior y comprensión»*. Muchos dejan sus comentarios sobre la paz interior. Una persona escribe: «Es lo único verdadero que anhelo». Otra dice: «Mi deseo es tener paz en mi vida. Siento mucha ansiedad, y estoy deprimido, confundido y solo». La paz interior es, claramente, algo que el mundo anhela experimentar.

La paz con Dios trae paz interior. Justo antes de su muerte, Jesús dijo a sus discípulos: «La paz os dejo, mi *paz* os doy» (Juan 14:27). La Biblia declara: «El fruto del Espíritu es amor, gozo, *paz...*» (Gálatas 5:22). La paz con Dios por medio de Jesús trae la paz de Dios a nuestro corazón y un día traerá paz a todo el universo.

En la cruz, Cristo despojó a los principados y a las potestades, y triunfó sobre ellos (Colosenses 2:15). Y cuando Cristo vuelva, finalmente serán destronados. Y entonces, por fin, el universo estará en paz. El plan final de Dios es...

> por medio de él [Jesús] reconciliar consigo todas las cosas, así las que están en la tierra

> como las que están en los cielos, haciendo la paz mediante la sangre de su cruz (Colosenses 1:20).

Hay un videojuego llamado *The World Has Fallen Apart* [Se ha destruido el mundo], que viene con un mapa del mundo con los países destruidos en pedazos. Tienes que hacer clic y arrastrar los fragmentos dispersos y volver a colocarlos en el lugar correcto. Me tomó dos minutos hacerlo, después de lo cual apareció un mensaje: «Felicitaciones. ¡Has arreglado el mundo!». Restaurar el mundo real no es tan simple, pero eso es exactamente lo que Dios hace por medio de la cruz.

Alguien lo expresó de esta manera: «La reconciliación es cósmica en sus logros finales: la expiación de Jesucristo llega hasta los cuatro rincones del universo. Por ella se ha garantizado un cielo nuevo y una tierra nueva, y de ella fluirá para siempre la paz y la unión con Dios».

Adoptado en la familia de Dios

No obstante, la reconciliación tampoco echa por tierra lo que logró la cruz. La Biblia declara que…

> Habéis recibido el espíritu de adopción, por el cual clamamos: ¡*Abba*, Padre! (Romanos 8:15).

Los que confían en la muerte de Jesús en la cruz han sido adoptados como hijos de Dios. En su obra clásica, *Hacia el conocimiento de Dios*, J. I. Packer escribe:

> *La adopción es el privilegio más grande que ofrece el evangelio: más grande aún que la justificación... Estar en la debida relación con Dios, el juez, es algo realmente grande; pero es mucho más grande sentirse amado y cuidado por Dios, el Padre.*

Continúa:

> *Soy un hijo de Dios. Dios es mi Padre; el cielo es mi hogar... Repitámoslo constantemente como primera cosa al levantarnos; como lo último al acostarnos; mientras esperamos el autobús; cada vez que la mente esté desocupada; pidamos poder vivir como quienes sabemos que todo esto es total y absolutamente cierto... Este es el secreto del cristiano... de una vida que honra a Dios.*

La justicia de Dios

El dilema de la justicia

Todo esto es fantástico, pero hay un problema. Al justificarnos, Dios deja que el culpable salga libre. ¡Eso no es justo! Como ya hemos visto, el trabajo de un juez es «[absolver] al justo, y [condenar] al culpable» (Deuteronomio 25:1); pero Dios absuelve a los culpables. Proverbios 17:15 señala: «El que justifica al impío, y el que condena al justo, ambos son igualmente abominación a Jehová». Entonces, Dios hace lo que afirma aborrecer, porque justifica a los culpables. Romanos

4:5 incluso describe a Dios como el que «justifica al impío». En Éxodo 23:7, Dios indica claramente: «Yo no justificaré al impío», pero eso es precisamente lo que Dios hace al justificar a personas pecadoras como tú y yo. Nos declara justos delante de Él, a pesar de que nuestros pecados lleguen hasta el cielo.

Imagínate que un pedófilo es acusado de abuso sexual y asesinato de docenas de niños pequeños. El caso de la fiscalía es impecable. Las pruebas de ADN arrojan el 100% de certeza sobre su culpabilidad. Y luego el juez emite un veredicto de «no culpable». Un gran momento para el acusado, quizá, pero un día terrible para la sociedad.

Habría gestos de horror en el tribunal. Los periódicos reclamarían justicia a la mañana siguiente y exigirían la renuncia del juez y un nuevo juicio. No se hizo justicia. El juez es corrupto, inmoral. Absolvió a los culpables. Si eso provocaría una indignación en un tribunal terrenal, cuánto más en el celestial.

¿Hay un juez injusto sentado en el trono del universo? Si es así, no estamos mejor que los ciudadanos de un país gobernado por un dictador corrupto. Podría estar Stalin dirigiendo el universo, y qué futuro tan aterrador sería.

Y si así es Dios, no tiene el derecho moral de juzgar a nadie al final de los tiempos. Él mismo necesita ir a juicio.

La demostración de la justicia

La respuesta a este problema se encuentra en *cómo* somos justificados. Romanos 5:9 afirma que ya estamos «justificados *en su sangre*». La cruz marca la diferencia en el mundo. Significa que Dios no ha hecho la vista gorda a nuestras transgresiones. Él mismo pagó por ellas con la muerte de Jesús en lugar de nosotros. Para ayudarnos a entender esto, el apóstol Pablo nos saca de la sala del tribunal y nos lleva a otros dos lugares de la ciudad.

Redención

Primero, nos lleva a la plaza del mercado: el mundo de los negocios y el comercio. Somos justificados «mediante la redención que es en Cristo Jesús» (Romanos 3:24). **Redención** es una palabra comercial que significa «liberar por medio del pago de un precio».

En el Antiguo Testamento, se podía redimir a un esclavo y conseguir su libertad mediante el pago de un precio. La Biblia dice que somos esclavos del pecado y de la muerte, pero hemos sido redimidos por la muerte de Jesús. Su muerte fue el rescate mediante el cual hemos sido liberados. Él vino «para dar su vida en rescate por muchos» (Marcos 10:45). No hay ninguna negociación sospechosa. Todas las cartas están sobre la mesa.

La Biblia declara que somos redimidos por medio de la cruz.

Expiación

Segundo, el apóstol Pablo nos lleva al templo, el lugar del sacrificio. «A [Cristo] quien Dios puso como propiciación por medio de la fe en su sangre» (Romanos 3:25). Un sacrificio de expiación —o «propiciación», como lo expresan algunas versiones— es un sacrificio que desvía la ira justa de Dios. En Jesús, Dios mismo presentó ese sacrificio. No se limitó a barrer nuestros pecados bajo la alfombra.

A muchas personas, incluso de la Iglesia, no les gusta el planteamiento de que la muerte de Jesús es un sacrificio para desviar la ira de Dios. Argumentan que es lo que se ve en las religiones paganas: personas que tratan de aplacar la ira de los dioses con sus ofrendas.

Sin embargo, lo que la Biblia declara es muy diferente. En las religiones paganas, se necesitan sacrificios porque los «dioses» son caprichosos y temperamentales; pero en la Biblia, es porque el Dios santo está enojado a causa del pecado.

En las religiones paganas, las *personas* aplacan la ira de los dioses; pero en la Biblia, *Dios mismo* lo hace.

En las religiones paganas, las personas *sobornan a los dioses* con comida o sacrificios humanos; pero en la Biblia, Dios *se entregó a sí mismo* en la persona de su Hijo.

En Cristo, Dios tomó el castigo que nos merecemos. En la muerte de Jesucristo en la cruz, vemos el alcance total del compromiso de Dios con la justicia. Él es perfectamente justo al justificar a los pecadores. Como proclama el pasaje con el que comenzamos en este capítulo, lo hizo…

> …para manifestar su justicia, a causa de haber pasado por alto, en su paciencia, los pecados

> pasados, con la mira de manifestar en este tiempo su justicia, a fin de que él sea el justo, y el que justifica al que es de la fe de Jesús (vv. 25-26).

Imagínate que estás en un enorme teatro al aire libre por la noche. Eres solo una de las decenas de miles de personas que están allí. Las luces se atenúan, se hace silencio, y toda la atención se dirige al escenario con un solo foco que brilla. Y luego escuchas la voz del mismo Dios que truena desde el cielo: «Ahora me revelaré a ti en toda mi gloria».

Se oye un murmullo de expectación alrededor del auditorio mientras se preparan para lo que vendrá. ¿Será una luz cegadora? ¿Será una visión aterradora de un Dios inmenso y poderoso que no cabe ni en este, el auditorio más grande de la tierra? ¿Qué aspecto tendrá?

La cortina se levanta lentamente. Y en el escenario, el foco resalta la figura desnuda y sangrante de un hombre clavado en una cruz.

Cuando estaba por llegar el momento de su muerte, Jesús declaró: «Ahora es glorificado el Hijo del Hombre, y Dios es glorificado en él» (Juan 13:31). En la cruz, se revela la gloria de cómo es Dios realmente. Su carácter brilla como un diamante precioso cuando su Hijo cuelga allí. La cruz muestra el amor de Dios, su misericordia, su sabiduría, su poder y su justicia. Por medio de la cruz, Dios justifica de manera justa a los injustos.

Señales de estar sanos

Aquí hay dos señales de que estamos espiritualmente sanos y que comprendemos muy bien el significado de la cruz.

1. Humildad

En primer lugar, mi actitud hacia Dios debe ser de humildad.

> ¿Dónde, pues, está la jactancia? Queda excluida (Romanos 3:27).

Si he comprendido el significado la cruz, no iré a Dios con todas mis buenas obras y diré: «Oye, mira todo mi desempeño: asistencia a la iglesia, conocimiento de la Biblia, buenas obras. Está todo allí. ¡Échale un vistazo!». En cambio, me presentaré con las manos vacías. *No traigo nada en mis manos. Solo me aferro a la cruz.* Reconoceré tanto mi propia indignidad como la maravilla de su gracia.

2. Aceptación de mis semejantes

Una segunda señal saludable es mi actitud hacia mis semejantes: aceptar como hermanos cristianos a todos aquellos que Dios ha recibido como sus hijos e hijas.

> ¿Es Dios solamente Dios de los judíos? ¿No es también Dios de los gentiles? Ciertamente,

> también de los gentiles. Porque Dios es uno (vv. 29-30).

En la iglesia de Roma, los cristianos de origen judío menospreciaban a los cristianos de origen no judío. Sin embargo, en su carta a ellos, Pablo les explica que la cruz significa que todos entramos *por la misma puerta*. Comprender esto es clave para aceptarnos y amarnos unos a otros.

A veces miramos a otros cristianos y nos sentimos inferiores e incompetentes, porque ellos tienen muchos dones y conocimiento. O menospreciamos a otros cristianos y nos sentimos superiores, tal vez porque han pecado en el pasado de manera inconcebible o por las luchas que aún tienen. Sin embargo, la cruz es el gran nivelador. Si somos salvos, es solo por gracia mediante la fe. Dios lo hizo todo. Y lo hizo en la cruz.

¿Cómo puede un hecho que ocurrió hace tanto tiempo afectarme hoy?

Romanos 5:12-19 compara y contrasta a Adán con Cristo. Explica cómo lo que ambos hicieron hace tanto tiempo tiene profundas implicaciones para cada generación nacida en la tierra.

Debido a que Adán fue nuestro representante y cabeza de la raza humana, su único acto de desobediencia en el Edén, en los inicios de los tiempos, ha afectado a todas las personas de la historia hasta nuestros tiempos. Por ese acto, el pecado y la muerte entraron al mundo, y fuimos «constituidos pecadores» (v. 19). Por naturaleza, todos estamos en *Adán*: hemos nacido pecadores y, por lo tanto, estamos bajo la ira de Dios.

Sin embargo, Jesús vino como «el postrer Adán» (1 Corintios 15:45), el representante y cabeza de una nueva humanidad. Y por medio de su acto de justicia en la cruz, en lugar de condenación y muerte, ahora hay justificación y vida para todos los que están «en Cristo» (Romanos 8:1-2).

Esta unión con Cristo no es automática. Es por gracia, mediante la fe, que nos unimos con Cristo y somos uno con Él. Esto es algo que el Espíritu Santo hace posible. La descripción más común del cristiano en el Nuevo Testamento es alguien que está «en Cristo», en unión con Él (Romanos 16:7; 2 Corintios 12:12).

Por medio de esta unión con Cristo, recibimos todas las bendiciones obtenidas en la cruz (Efesios 1:3-14).

En el matrimonio, dos llegan a ser uno, y lo que pertenece a cada uno se comparte con el otro. Por tanto, si una mujer muy pobre que está sumamente endeudada se casa con un multimillonario, todas las deudas de ella serán de él y la riqueza de él será de ella. ¡Así es con nosotros y Cristo! Mediante mi unión con Cristo, mi pecado y mi culpa se incriminaron a Él y Él pagó por todo eso en la cruz; su perfecta obediencia y justicia se acreditaron a mi cuenta, y me gozo en eso. «Al que no conoció pecado, por nosotros lo hizo pecado, para que nosotros fuésemos hechos justicia de Dios en él» (2 Corintios 5:21).

Si Jesús murió por mis pecados, ¿por qué aún me siento culpable?

Como cristianos, debemos tomar la verdad de lo que Cristo hizo por nosotros y aplicar dicha verdad a nuestra propia experiencia, para creerla en nuestra mente y sentir que es verdad en nuestro corazón. Algunas veces lo sabemos en teoría —*Cristo pagó por todos mis pecados y me ha perdonado*—, pero no lo sentimos. Tener fe significa creer que es verdad y disfrutar de la gracia en la que estamos firmes. Y debemos ser específicos en aplicarla a nosotros mismos.

Si te sientes culpable, pide a Dios que, mediante su Espíritu, te señale el pecado en particular. Confiesa ese pecado a Dios y apártate de él. Reconoce que Cristo murió por ese pecado y dale gracias a Dios. Lee un versículo bíblico sobre lo que Cristo hizo y cree lo que Dios dice en su Palabra. Pide a Dios que te ayude a *sentir* que esa verdad es relevante para tu pecado en particular.

Quizá puedas cantar un himno o una canción de alabanza a Dios por lo que Cristo hizo. Cuando creemos lo que Él dice en su Palabra, experimentamos una conciencia limpia. Hebreos 10:22 nos alienta a acercarnos a Dios «*en plena certidumbre de fe, purificados los corazones de mala conciencia*».

Un escritor lo expresó así: «Debemos esforzarnos por purgar y limpiar nuestra conciencia con la sangre de Cristo. Si descubrimos que hemos pecado, debemos correr inmediatamente a la sangre de Cristo para lavar nuestro pecado. No debemos permitir que la herida se infecte, sino curarla de inmediato. Así como nuestros pecados son diarios, Él nos limpia a diario, y debemos acudir diariamente a Él para que nos limpie… Asegúrate cada día de ser limpio del pecado que cometes. Así tu conciencia tendrá paz verdadera».

Si ya lo has hecho y tu conciencia todavía está intranquila, es posible que aún no te hayas arrepentido del pecado. Cristo no murió por nosotros para que podamos seguir pecando con la conciencia tranquila. Debemos arrepentirnos. Y cuando hemos ofendido a otros, debemos rectificarnos, disculparnos y reparar el daño siempre que sea posible.

O puede ser que todavía te sientas culpable porque tienes una conciencia demasiado sensible. A veces, un cristiano puede estar intranquilo por cosas que en realidad la Biblia no condena, tal vez reglas adicionales que nos obligaron a obedecer desde que éramos niños. La solución es volver a la Biblia. Como expresó Lutero: *«Mi conciencia es cautiva de la Palabra de Dios»*. Necesitamos moldear nuestra conciencia con la Palabra de Dios, y confiar que la muerte de Jesús nos limpia de todo pecado.

Capítulo 5

¿Cómo deberíamos responder a la cruz?

Muchos consideran que la Estación *Grand Central* de Nueva York es la más bonita del mundo. Además es la estación ferroviaria más grande del mundo en términos de plataformas, con 44 andenes donde confluyen 67 vías. Anteriormente, se llamaba Terminal *Grand Central*, porque todas las líneas ferroviarias terminaban allí.

En cada uno de nosotros, hay una Estación Central, de la cual parte todo el tráfico de nuestra vida. Para algunos, ese centro es el deseo de sentirse querido o amado. Su necesidad de aceptación es su principal factor motivador. Para otros, es la búsqueda de la perfección. No pueden admitir debilidad o fracaso, y nadie cumple con sus expectativas. Para algunos, es el deseo de un estilo de vida cómodo, seguridad financiera y prestigio. Para otros, es la determinación de dejar una huella en el mundo y marcar la diferencia.

En cada uno de nosotros, hay una Estación Central desde donde parten los miles de trenes de nuestras acciones, nuestros pensamientos y nuestras emociones, y a la que finalmente regresan. *¿Qué es para ti?* ¿Y qué debería ser para el cristiano?

La Biblia, sin duda, colocaría más de una cosa en la Estación Central, y ciertamente, la cruz estaría allí. El apóstol Pablo dijo: «Pero lejos esté de mí gloriarme, sino en la cruz de nuestro Señor Jesucristo» (Gálatas 6:14), «Pues me propuse no saber entre vosotros cosa alguna sino a Jesucristo, y a éste crucificado» (1 Corintios 2:2). Alguien dijo:

> *Todo el mundo de Pablo giraba alrededor de la cruz. Llenaba su visión, iluminaba su vida, avivaba su espíritu. Pablo se gloriaba en ella. Para él significaba más que cualquier otra cosa. Nuestra perspectiva debería ser la misma.*

Ahora bien, ¿cómo sería en la práctica?

1. Confía en la cruz

La muerte de Jesús para nosotros es la única base sobre la cual podemos tener paz con Dios. Somos salvos solo por gracia por medio de la fe, no por obras. «Porque por gracia sois salvos por medio de la fe... no por obras, para que nadie se glorie» (Efesios 2:8-9).

Una buena prueba para saber si en este momento

tu confianza está en Cristo y en su muerte, o en ti mismo y en tu desempeño, es la *seguridad*. Supongamos que te mueres ahora mismo mientras lees este libro. ¿Estás seguro de que Dios te aceptará cuando tus ojos se cierren para siempre? Si tu respuesta es: *Espero que sí, pero nunca se sabe,* es una señal de que confías en tu propia bondad. Si confías en la muerte de Cristo, estás seguro de eso.

Si Dios te dijera hoy, cuando estuvieras delante de Él más tarde: *¿Por qué debería aceptarte?*, ¿qué le dirías?

- *¿Porque he vivido una buena vida?*
- *¿Porque he hecho mi mejor esfuerzo?*
- *¿Porque soy mejor que muchos otros y he asistido regularmente a la iglesia?*

Cada una de esas respuestas mostraría que confías en tu propia bondad, y eso nunca podría salvarte.

La única respuesta correcta es: *Soy un pecador, pero confío en Jesús que murió por mí.* Gálatas 2:16 declara: «El hombre no es justificado por las obras de la ley, sino por la fe de Jesucristo… por cuanto por las obras de la ley nadie será justificado». Si confío en la muerte de Cristo, puedo tener la plena seguridad de que Dios me acepta ahora, y me recibirá cuando muera (Romanos 5:8-9).

A lo largo de la vida cristiana, debemos tener cuidado de no cambiar nuestra confianza en la cruz por la confianza en nosotros mismos. Sucedió en las iglesias de Galacia y nos puede suceder con la misma facilidad. Comenzaron bien, pero luego se dejaron engañar por personas que decían que confiar en la cruz no era suficiente, que también debían hacer esto o aquello para que Dios los aceptara. No debemos confiar en nuestro desempeño cristiano como la razón de nuestra aceptación por parte de Dios. No debemos actuar como si Dios nos aceptara por cumplir con las normas de la vida cristiana, como tener un tiempo de devocional diario, asistir a la iglesia, servir en algún ministerio de la iglesia, tomar la Santa Cena regularmente o confraternizar en un grupo de estudio bíblico.

Y no debemos confiar en nuestros sentimientos, como si Dios nos aceptara cuando sentimos que Él está cerca, pero no cuando no lo sentimos. Lo que sentimos no es necesariamente real.

Por eso tomar la Santa Cena regularmente puede ayudarnos en ese aspecto, no porque nos haga estar en paz con Dios, sino porque siempre nos recuerda que debemos concentrarnos en lo fundamental: que *solo* somos salvos por medio del cuerpo molido de Jesús y su sangre derramada.

2. Asómbrate de la cruz

Por lo general, en la vida se dice que a medida que envejeces, tiendes a perder la sensación de asombro que tenías de niño. Sin embargo, no deberíamos dejar de asombrarnos de la cruz.

Pablo no lo hizo. Puedes percibir su asombro cuando declaró: «Vivo en la fe del Hijo de Dios, el cual me amó y se entregó a sí mismo por mí» (Gálatas 2:20). Nosotros también necesitamos eso.

A veces, cuando las cosas nos van mal y la vida es difícil, nos sentimos tentados a dudar del amor de Dios. Y cuando miramos el pecado de nuestro corazón, podríamos estar tentados a desesperarnos y sentir: *¿Cómo podría alguien amarme sabiendo cómo soy en verdad?* Sin embargo, cuando miramos la cruz, encontramos la respuesta: El «Hijo de Dios, el cual me amó y se entregó a sí mismo por mí». Y ese es un amor del que nada nos puede separar (Romanos 8:35, 39).

Quizá en este preciso momento te sientas abrumado por la carga de la culpa. El recuerdo de algo que dijiste o hiciste es como una mochila pesada que estás cargando. Te cansa y te desalienta. El mensaje del evangelio es simple: *¡Despacha tu equipaje!* Ya conoces esa sensación de alivio en el aeropuerto cuando finalmente dejas en el mostrador de recepción las maletas que has estado cargando. Haz lo mismo con la carga de tu culpa. No la sigas cargando por más tiempo.

¿Por qué no la despachas ahora mismo, y confiesas tu pecado a Dios, te apartas del mismo, lo dejas en la cruz y le agradeces por su gracia? «Dios es el que justifica. ¿Quién es el que condenará?» (Romanos 8:33-34). No te dejes arrastrar por la culpa, ¡asómbrate de la cruz!

3. Toma tu cruz

> Y decía a todos: Si alguno quiere venir en pos de mí, niéguese a sí mismo, tome su cruz cada día, y sígame (Lucas 9:23).

Tomar nuestra cruz significa identificarnos públicamente con Cristo, darnos a conocer como seguidores de Jesús y no avergonzarnos de serlo; y soportar el rechazo que eso pueda traer. Hebreos 13:13 nos exhorta: «Salgamos, pues, a él [Jesús], fuera del campamento, llevando su vituperio». Jesús advirtió: «Si a mí me han perseguido, también a vosotros os perseguirán» (Juan 15:20). Como alguien dijo: «La misión tarde o temprano lleva a la pasión [en el sentido del sufrimiento]... La forma misma de la misión es cruciforme».

Hay una canción que se canta en las iglesias hogareñas de la China. El coro dice:

> Un mártir del Señor quiero ser,
> Un mártir del Señor quiero ser,
> Dispuesto estoy a morir gloriosamente por Él.

Los versos son un relato espantoso y gráfico de cómo sufrieron y murieron los apóstoles. La última estrofa concluye:

> Dispuesto estoy a tomar la cruz y seguir caminando.
> A los apóstoles seguir, en la senda del sacrificio.
> Que miles de preciosas almas pueden ser salvas.
> Dispuesto estoy a dejarlo todo para ser un mártir del Señor.

¡No se parece en nada a muchas de las canciones que cantamos en nuestras iglesias! A veces, cuando alguien tiene vecinos ruidosos o un jefe insoportable, dice: ... *pero todos tenemos que tomar nuestra propia cruz*. Eso no es lo que quiso decir Jesús.

Tomar la cruz no significa solo tolerar algunos inconvenientes; sino seguir a Cristo manifiestamente a cualquier costo. Ser conocido como su seguidor; vivir para Él y aceptar las consecuencias; soportar la vergüenza que eso conlleve.

Tomar tu cruz no es un camino de realización personal; sino de abnegación. Jesús nos advierte: «Si alguno quiere venir en pos de mí, niéguese a sí mismo, tome su cruz cada día, y sígame». Si vivo para mí mismo de tal manera que mi vida sea cómoda y fácil, no puedo ser un seguidor de Jesús; no tomaré mi cruz. Tomar tu cruz y negarte a ti mismo van de la mano. Negarse a uno mismo no es renunciar al chocolate durante la Cuaresma. Es renunciar a una vida donde el centro sea tu propia comodidad, para seguir a Cristo cueste lo que cueste.

Por lo tanto, debemos confiar en la cruz de Cristo, pero también debemos tomar nuestra propia cruz. No para expiar nuestros pecados —Cristo ya lo ha hecho—, sino para seguirlo. Este es el costo del verdadero discipulado. Alguien lo resumió así:

Como Barrabás, escapamos de la cruz,
como Simón, tomamos la cruz.

Ambas afirmaciones son ciertas. Y tomar nuestra cruz es una disciplina diaria. «Si alguno quiere venir en pos de mí, niéguese a sí mismo, tome su cruz *cada día*, y sígame».

Hay una serie de acciones que haces a diario: lavar, comer, dormir. Así también, todos los días, debemos negarnos a nosotros mismos, tomar nuestra cruz y seguir a Cristo. Cuando salgas cada día y tomes tu cartera o tu bolso, toma también tu cruz. Piensa: *Soy un seguidor de Cristo. Hoy lo seguiré, viviré para Él y hablaré en su nombre, cueste lo que cueste.* Y si te parece que llevar una cruz en tu solapa es un recordatorio útil, ¡adelante!

4. Vive la cruz

Romanos 6:6 declara: «Sabiendo esto, que nuestro viejo hombre fue crucificado juntamente con él, para que el cuerpo del pecado sea destruido, a fin de que no sirvamos más al pecado». Por la fe, estamos unidos a Cristo en su muerte y resurrección. Lo que le sucedió a Él nos ha sucedido a nosotros.

Cuando te subes a un avión, lo que le sucede al avión te sucede a ti. Si despega, tú despegas. A donde va, tú vas. Y del mismo modo, por la fe, estamos «en Cristo». Cuando te convertiste a Cristo, te «subiste al avión», y lo que le sucedió a Cristo te sucedió a ti. Cuando Él murió, tú moriste. Tu viejo yo, tu vieja vida, ahora es historia. Has resucitado con Cristo a una nueva vida. Y así pues, debemos vivir una vida diferente, donde digamos no al pecado y sí a la piedad.

Por tanto, la próxima vez que sientas la tentación de contar algunos chismes jugosos, o insistir egoístamente en tus propios planes para el fin de semana, o hacer clic en algún sitio web pornográfico o cambiar los canales de televisión a una película violenta, detente y piensa: *¡No! Esa vieja vida ha sido crucificada con Cristo y ahora ya no existe. ¡Ahora soy una persona nueva!* Y, en cambio, haz algo bueno y puro.

5. Considera la cruz

Gandhi dijo: «Podría aceptar a Jesús como un mártir, como una encarnación del sacrificio y como un maestro divino. Su muerte en la cruz fue un gran ejemplo para el mundo».

Lamentablemente, por lo que sabemos, Gandhi no creía en la cruz como sacrificio por sus pecados. Para él, la cruz era solo un ejemplo. Sin embargo, si *creemos* en la cruz, también debemos *considerar* la cruz. Es el patrón y el ejemplo para seguir. La cruz nos muestra el ejemplo supremo de servicio en amor; de buscar el bien de los demás antes que nuestro propio bien; de sacrificarnos por otros.

Es como si Jesús colgado en la cruz dijera: *Mira y aprende. Esta es la forma de servir. Así es el amor. Ahora inténtalo. Rinde tu vida por los demás. Sirve a otros. Deja de buscar tu propio bien. Te he dado el ejemplo para que lo imites. Serás bendecido si lo haces.*

La cruz es el modelo para todas nuestras relaciones. «Andad en amor, como también Cristo nos amó, y se entregó a sí mismo por nosotros» (Efesios 5:2).

Debemos amar con el amor manifestado en la cruz en todas nuestras relaciones.

Amemos así en la iglesia

Debemos servirnos unos a otros como Cristo nos sirvió. Jesús dijo:

> El que de vosotros quiera ser el primero, será siervo de todos. Porque el Hijo del Hombre no vino para ser servido, sino para servir, y para dar su vida en rescate por muchos (Marcos 10:44-45).

Cuando no sientes deseos de servir a los demás —como invitar a comer a otras personas fuera de tu círculo de amigos; ir a tu reunión de confraternidad, aunque estés cansado; colaborar con el grupo de jóvenes, aunque los chicos te estén volviendo loco; conversar con esa persona solitaria de la iglesia cuando prefieres interactuar con personas más divertidas—, ¿dónde buscas motivación? *Considera la cruz.*

> En esto hemos conocido el amor, en que él puso su vida por nosotros; también nosotros debemos poner nuestras vidas por los hermanos (1 Juan 3:16).

Rendir nuestra vida no es realizar un acto sin sentido; sino que, como la muerte de Jesús, es un acto de amor consciente y decidido. Donar dinero para suplir las necesidades básicas de los cristianos pobres de otros países; ayudar a los necesitados de nuestra propia familia de la iglesia; visitar a las viudas que están solas y cortarles el césped; preparar una comida para una mamá que acaba de dar a luz; visitar a una persona internada en el hospital; enviar una tarjeta para animar a alguien que está pasando por una situación difícil. Esto es vivir como nos enseña la cruz.

Amemos así en el hogar

¿Te estás preparando para el matrimonio? ¿O quieres mejorar y restaurar tu matrimonio? *Entonces, considera la cruz.*

> Maridos, amad a vuestras mujeres, así como Cristo amó a la iglesia, y se entregó a sí mismo por ella (Efesios 5:25).

Ama como Cristo nos amó. Si tienes niños pequeños, a veces sucede que en la mitad de la noche uno de ellos comienza a llorar. Como padre, en ese momento tienes una opción: puedes saltar de la cama antes que lo haga tu esposa o puedes pensar: *Si me quedo muy, muy quieto, puedo fingir que estoy dormido.* ¡No es difícil adivinar cuál sería la respuesta que nos enseña la cruz!

Sacrifícate por tu cónyuge. Pregúntale cómo puedes colaborar con las tareas cotidianas y darle más amor y apoyo, y luego hazlo. ¡Descubre cuál es su lenguaje de amor y háblalo!

Amemos así en el mundo

¿Quieres que tu vida sea fructífera para Dios? *Considera la cruz.* Jesús dijo:

> De cierto, de cierto os digo, que si el grano de trigo no cae en la tierra y muere, queda solo; pero si muere, lleva mucho fruto (Juan 12:24).

No solo se refería a su propia muerte, sino también a una vida de discipulado. Como lo fue con Jesús, así es con nosotros. Cuando morimos a nosotros mismos, damos fruto y nos damos a conocer como seguidores de Cristo, que sirven al evangelio y a las necesidades de los demás.

Lutero usó una expresión en latín, *incurvatus in se*, que significa «encerrado en sí mismo». Por naturaleza, así es nuestra vida; nuestra mentalidad y atención se centran en nosotros mismos. Sin embargo, por la gracia de Dios, nuestra vida se vuelve cada vez más cruciforme, como enseña la cruz, y nuestras manos se extienden más hacia Dios y el prójimo.

Este tipo de vida es costosa, pero fructífera.

Y cuando nos cuesta pagar el precio y ser cristianos, debemos considerar nuevamente la cruz y alentarnos con el ejemplo de Cristo, que «cuando padecía, no amenazaba, sino encomendaba la causa al que juzga justamente» (1 Pedro 2:23).

6. Testifica sobre la cruz

Finalmente, el mensaje de la cruz es demasiado bueno para guardarlo para nosotros mismos. *Testifica sobre la cruz*. El apóstol Pablo dijo:

> Nosotros predicamos a Cristo crucificado, para los judíos ciertamente tropezadero, y para los

gentiles locura; mas para los llamados, así judíos como griegos, Cristo poder de Dios, y sabiduría de Dios (1 Corintios 1:23-24).

La cruz es un tropezadero para los judíos, porque las personas religiosas se ofenden cuando se les dice que también son pecadores y necesitan ser salvos. La cruz es una locura para los gentiles; es decir, que para algunas personas es absurda la noción de que alguien que muere en una cruz nos hace tener paz con Dios.

Sin embargo, el «Cristo crucificado» fue el centro del mensaje de Pablo, porque sabía que la cruz era lo único que tenía el poder de salvar a los pecadores. Por lo tanto, tenemos que testificar a otros acerca de la cruz. Está bien hablar de la Iglesia o de Dios, pero en algún momento, la persona necesita escuchar la increíble noticia de que Jesús murió por sus pecados, y que así puede tener paz con Dios y escapar del juicio venidero.

Tal mensaje es lo opuesto a la autopromoción. No es halagador para el yo, ni en nosotros ni en el oyente. No se trata solo de decir: *Eres una persona maravillosa, y Dios tiene un plan maravilloso para tu vida*. No se trata solo de decir: *Tienes un vacío con forma de Dios en tu vida, que solo Él puede llenar.* El mensaje de Dios es humillante. Por eso, algunos se negarán a escuchar y lo rechazarán.

No obstante, también es el mensaje que Dios usa para salvar a los que ha elegido. Y necesitamos estar seguros de eso. Por tanto, ora por oportunidades para que las personas escuchen el mensaje de la cruz. ¿Y por qué no memorizar un bosquejo del evangelio como *Dos maneras de vivir,* para poder explicar mejor el mensaje de la cruz cuando se nos presente la oportunidad?

El conde von Zinzendorf fue el fundador de la Comunidad cristiana y el Movimiento misionero de Moravia en el siglo XVIII. A los diecinueve años, concurrió a una galería de arte en Alemania, donde se detuvo a observar una pintura llamada *Ecce Homo* (¡He aquí el hombre!). Mostraba a Cristo con la corona de espinas. Debajo, la inscripción decía:

«Yo hice todo esto por ti, ¿qué haces tú por mí?».

El joven conde se sintió profundamente conmovido, y allí mismo pidió al Cristo crucificado que usara su vida para servir a Dios. Más de cien años después, la escritora de himnos, Frances Havergal, se sentó frente al mismo cuadro y se conmovió de manera similar. Luego escribió el himno: *Mi vida di por ti.* Concentrarse en la cruz, meditar en ella, es una experiencia que nos cambia la vida. Nos impulsa a confiar en la muerte de Cristo y a entregarnos a su servicio. Si estás agobiado por el pecado y la culpa, ven a la cruz. Si te falta fervor y motivación en la vida cristiana, ven a la cruz. Si solo estás viviendo para ti, ven a la cruz.

Lo que no debemos hacer es alejarnos. El periodista Malcolm Muggeridge escribió sobre una etapa de su vida:

Me parecía ver la cruz, y de repente mi corazón se detenía. De manera instintiva, intuitiva, comprendía que estaba en juego algo más importante... que nuestras buenas causas, por muy nobles que fueran... Debería haberla usado... Debería haber sido mi uniforme, mi lenguaje, mi vida. No tendré excusa; no puedo decir que no lo sabía. Lo supe desde el principio y me alejé.

Eso es lo único que no debemos hacer.

¿Murió Jesús por todos?

En la cruz, ¿pagó Cristo el castigo por los pecados de toda la humanidad (lo que algunas personas llaman redención general), o solo por los pecados de aquellos que creerían en Él y serían salvos (redención particular o expiación limitada)?

A favor de la creencia de la **redención general**, hay varios versículos en la Biblia que hablan de la muerte de Cristo por el mundo. Juan el Bautista declaró: «He aquí el Cordero de Dios, que quita el pecado del mundo» (Juan 1:29). El versículo más famoso de la Biblia, Juan 3:16, dice claramente: «Porque de tal manera amó Dios al mundo, que ha dado a su Hijo unigénito, para que todo aquel que en él cree, no se pierda, mas tenga vida eterna». Primera de Juan 2:2 parece poner especial énfasis en esto al señalar que «Él es la propiciación por nuestros pecados; y no solamente por los nuestros, sino también por los de todo el mundo».

Que Jesús murió por el mundo no significa que todos serán salvos. La muerte de Jesús *solo* es eficaz para aquellos que creen en Él, como lo establece claramente Juan 3:16. Y 2 Pedro 2:1 se refiere a los falsos maestros, que «aun negarán al Señor que los rescató, atrayendo sobre sí mismos destrucción repentina», lo que sugiere que la muerte de Cristo será para condenación a tales personas que claramente *no* son salvas. Según lo que sería la simple lectura de varios versículos, la carga pesada parece recaer sobre aquellos que piensan lo contrario y que deben demostrar su postura.

Quienes creen en una **redención particular** sostienen que los textos bíblicos que hablan de la muerte de Jesús por «el mundo», simplemente significan que murió por un mundo en rebeldía contra Dios, es decir, por los pecadores en general y no por todas las personas del mundo. El versículo que dice: «Dios estaba en Cristo reconciliando consigo al mundo, no tomándoles en cuenta a los hombres sus pecados» (2 Corintios 5:19), no significa que Dios estaba reconciliando con Él a todas las personas del mundo, sino a los pecadores en general.

De la misma manera, cuando Jesús dijo que por su muerte a todos atraería a sí mismo (Juan 12:32), se refería *a todos sin distinción* (todo tipo de personas), no *a todos sin excepción* (toda la humanidad).

Aquellos que sostienen la creencia de una redención particular también señalan versículos que hablan de la muerte de Jesús *específicamente* por sus ovejas, en un pasaje donde Él dice con claridad que algunos de sus oyentes no son ovejas de Él (Juan 10:11, 26). Hay referencias a que Jesús murió por sus «amigos» (Juan 15:13), por «la iglesia» (Hechos 20:28; Efesios 5:25), por «su pueblo» (Mateo 1:21) y «por muchos» (Marcos 10:45).

Y cuando Pablo dice que Dios entregó a su Hijo «por todos nosotros», describe a estas personas en el siguiente versículo como «los escogidos de Dios» (Romanos 8:32-33).

Esta creencia sostiene que la muerte de Cristo no solo hizo posible la salvación, sino que, en realidad, aseguró la salvación de su pueblo.

También se plantea la pregunta de cómo Dios puede ser justo al exigir que las personas paguen por sus pecados nuevamente en el infierno si Cristo ya pagó por ellos en la cruz. Otros señalarían que este es un argumento que surge de la lógica y no de un texto de las Escrituras.

Hay cristianos maduros y piadosos, que creen en la Biblia, en ambos lados del debate. Sin embargo, todos están de acuerdo en la necesidad de que se presente libremente el evangelio a todos. Concuerdan en que no todos serán salvos, sino solo aquellos que crean en el evangelio, así que necesitamos anunciar este mensaje a todos.

¿Cómo puedo mantener la cruz en el centro de mi vida?

No solo necesito anunciar las buenas nuevas de Jesús a aquellos que aún no lo conocen, ¡necesito meditar yo mismo en ello todos los días! Eso implica enfrentar diariamente mi propio pecado ante Dios y aceptar personalmente lo que Jesús hizo por mí en la cruz.

- Puedes comenzar por meditar en la persona de Jesús.
- Enfrenta tus pecados: pide a Dios que te dé consciencia del pecado y confiésaselo.
- Ve a la cruz: lleva tus pecados a la cruz y recuerda que el Padre te acepta solo por medio de Cristo.
- Expresa tu alabanza y adoración a Dios por su amor al enviar al Señor Jesús a morir por nosotros.
- Lee atentamente la Biblia y haz que sea una conversación con Dios.
- Ora y pide a Dios que supla tus necesidades y las de aquellos que te rodean.

Otra disposición que nos ayuda a estar centrados en la cruz es la Santa Cena. Jesús dijo: «Haced esto en memoria de mí» (1 Corintios 11:24, 25).

Podría habernos dicho que hagamos algo para recordar su nacimiento, su resurrección, su ascensión o el derramamiento del Espíritu Santo en Pentecostés, pero no lo hizo. Él quiere que recordemos su muerte por sobre todo lo demás, y por eso nos dijo que hiciéramos memoria de Él al comer el pan y beber el vino.

Cuando participamos de estos símbolos, nos volvemos a centrar en la cruz y volvemos a alimentar nuestro corazón de Cristo por la fe.

EDITORIAL
PORTAVOZ

NUESTRA VISIÓN

Maximizar el efecto de recursos cristianos de calidad que transforman vidas.

NUESTRA MISIÓN

Desarrollar y distribuir productos de calidad —con integridad y excelencia—, desde una perspectiva bíblica y confiable, que animen a las personas a conocer y servir a Jesucristo.

NUESTROS VALORES

Nuestros valores se encuentran fundamentados en la Biblia, fuente de toda verdad para hoy y para siempre. Nosotros ponemos en práctica estas verdades bíblicas como fundamento para las decisiones, normas y productos de nuestra compañía.

Valoramos la excelencia y la calidad.
Valoramos la integridad y la confianza.
Valoramos el mérito y la dignidad de los individuos y las relaciones.
Valoramos el servicio.
Valoramos la administración de los recursos.